现代物流产业模式与创新研究

尹志洪　著

吉林科学技术出版社

图书在版编目（CIP）数据

现代物流产业模式与创新研究 / 尹志洪著. -- 长春:
吉林科学技术出版社，2023.8

ISBN 978-7-5744-0922-4

Ⅰ．①现… Ⅱ．①尹… Ⅲ．①物流－产业发展－研究
－中国 Ⅳ．①F259.22

中国国家版本馆CIP数据核字（2023）第197964号

现代物流产业模式与创新研究

著　　者	尹志洪
出版人	宛　霞
责任编辑	刘　畅
封面设计	树人教育
制　　版	树人教育
幅面尺寸	185mm×260mm
开　　本	16
字　　数	260 千字
印　　张	12
印　　数	1-1500 册
版　　次	2023 年 8 月第 1 版
印　　次	2024 年 2 月第 1 次印刷
出　　版	吉林科学技术出版社
发　　行	吉林科学技术出版社
地　　址	长春市南关区福祉大路 5788 号出版大厦 A 座
邮　　编	130118

发行部电话 / 传真　0431—81629529　　81629530　　81629531
　　　　　　　　　　　81629532　　81629533　　81629534

储运部电话　0431—86059116

编辑部电话　0431—81629520

印　　刷	三河市嵩川印刷有限公司
书　　号	ISBN 978-7-5744-0922-4
定　　价	75.00 元

前　言

　　"互联网 +"、"中国制造 2025"、供给侧结构性改革等相关政策密集出台，消费拉动经济增长的基础性作用增强，对现代物流发展提出了更高的要求。现代物流业作为一种综合型服务业，是我国新常态下国民经济发展的基础性、战略性产业支撑，物流是连接供给和需求的第三个要素，发展"互联网 +"高效物流，是适度扩大总需求、推进结构性改革尤其是供给侧结构性改革的重要举措，对有效降低企业成本、提高全要素生产率具有重要意义。

　　本书立足于"互联网 +"和传统物流产业转型升级的宏观背景，综合应用供应链管理、服务科学、价值共创、服务创新等相关理论和方法。本书适用于物流管理、物流工程和管理工程等专业研究生和高年级本科生阅读，也可供企业和政府物流管理部门实际工作人员参考。由于笔者经验、水平所限，书中不足之处在所难免，敬请读者提出宝贵的批评和建议。

目　录

第一章 绪论

第一节 我国物流产业发展和研究现状

一、我国物流产业发展现状

随着经济全球化和高新技术尤其是信息技术的迅猛发展，现代物流在世界范围内获得迅速发展，成为极具增长前景的新兴产业。现代物流作为一种先进的组织方式和管理技术，被广泛认为是企业继降低物质消耗、提高劳动生产率之后的"第三利润源泉"，在经济和社会发展中的作用日益突出，被誉为国民经济发展的"加速器"和产业结构演变的"润滑剂"，越来越受到企业和政府的重视。现代物流是企业适应新的竞争范式和提高竞争能力的一项基本核心能力。同时，也是政府改善企业生存环境，实现优化产业结构和向"服务—工业化"增长方式转变的"加速器"。因此，各国企业和政府都在不同层面上推动和大力发展现代物流业。

中国自 1978 年从日本引进"物流"概念到 1999 年世界银行与国家经贸委联合举办"中国现代物流发展国际研讨会"，我国现代物流产业发展缓慢，基本处于学术研究和经验传播的准备阶段。自 1999 年世界银行与国家经贸委联合举办"中国现代物流发展国际研讨会，尤其是经历了中美围绕分销及其相关活动——物流与配送——进行多轮 WTO 谈判及达成协议的过程，物流产业的功能和巨大的利润价值日益为我国政府、企业和越来越多的有识之士所认识和接受，我国国家领导人明确指出要把现代物流产业作为国民经济重要产业与新的经济增长点，并列入了"十五"和"十一五"规划。自此，我国物流产业发展进入快车道，现代物流实践不断拓展和深入，学术研究呈现出百家争鸣的局面。虽然我国物流业经过 30 多年的发展取得了显著成绩，但总体上仍然处于初级阶段，与国际先进水平相比存在较大差距，有许多问题亟待解决，特别是一些影响物流长远发展的深层次的突出的问题有待解决。

（一）物流市场供需结构性矛盾

中国物流与采购联合会在最新的《中国物流发展报告（2005—2006）》中指出，社会化的物流需求不足与专业化的物流供给不够，是制约中国物流发展的主要矛盾。一方面，物流需求聚集和释放的速度不快"大而全""小而全"的企业物流运作比例还比较大。另一方面，物流服务供给能力还不能满足需求，特别是高端需求、即时需求、特色需求、"一体化"需求满足率不高，需求不足与供给不够并存，物流资源短缺与物流服务"过剩"同在。此外，东、中、西部区域物流发展不平衡，资源型地区流出量与流入量差距很大；城乡物流发展不平衡，农产品物流与农资物流发展滞后；行业物流发展不平衡，部分传统产业物流模式转型不快；各物流环节发展不平衡，供应物流和生产物流的分离外包慢于销售物流；基础性服务与增值性服务发展不平衡，增值性服务所占比例仍然不大；多种运输方式衔接不够、配套不好，公路运力相对"过剩"，铁路运能依然不足，普通设施设备"过剩"，特种、专用设备不足；物流基础设施分属不同的地方、部门和行业，缺乏有效整合和充分利用。

（二）物流服务社会化程度低，物流企业"小、散、差"

受传统计划经济和经济发展水平的影响，采取"大而全""小而全"运作模式的企业比例还比较大，在物流领域体现为物流职能和设施设备分散于不同部门与企业，而且多属于低水平的重复建设。同时，物流企业经营规模小而分散，不利于货物迅速集结与规模化作业，严重影响了设施设备利用率、机械化作业效率、信息化水平和新技术的应用，制约了企业管理创新和技术创新。据中国物流信息中心调查，目前我国商业企业应用计算机系统的比例不到一半，服务业和运输业的比例更低，分别只有24.3%和18.3%。这不仅造成了社会资源的浪费，还阻碍了物流企业服务功能的拓展、质量的提高，制约了物流业专业化和社会化的发展，抑制了物流服务需求的增长。

（三）物流市场严重不规范

现代物流是跨行业、跨地区的社会物流运行系统，它利用信息系统实现对顾客、经销商、运输商、生产商、物流公司和供应商之间的管理，让物的流动具有最佳的目的性和经济性，消除整个价值链上的浪费，让每个参与者都能受益，从而提高整个社会的资源利用水平，提高整个社会的竞争力，抵消市场经济条件下盲目竞争和调节滞后的制度性缺陷。但目前物流组织布局分散，物流资源和市场条块分割管理，地方封锁和行业垄断对资源整合和一体化运作形成体制性障碍，制约了物流业规范、有序的发展。

（四）物流发展盲目过热

自 1999 年世界银行与国家经贸委联合举办"中国现代物流发展国际研讨会"以来，尤其是物流产业被列入"十五"和"十一五"规划后，物流经济崛起，掀起了建设物流园区的热潮。虽经 2003 年国家治理整顿，但全国各地建设物流园区的热情依然高涨。据国家统计局调查，全国在建和已建成的各类物流园区已经逾千，仅占规划的 50% 左右，而物流发达的德国才拥有 30 多个物流园区。我国"物流园区热"主要表现为：一是数量多且分布不均。中国物流与采购联合会 2006 年重点调研课题"全物流园区发展调查报告"调查了 207 个运营（含部分建成、投入使用）、在建和立项（含规划设想）物流园区的资料，主要分布在沿海地区（57%）。二是空置率高。国家统计局资料显示，建成的物流园区空置率达到 60%。三是重复性建设较多，特色园区少。目前长三角已建成和在规划中的物流园区已达 60 多个，除少数的几个物流园区特色比较明显外，绝大多数物流园区都是大同小异，造成了管理混乱和重复建设。形成这种局面的主要原因是缺乏科学依据和指导以及全国有力的统筹协调，各地盲目制定自己的物流发展规划。如果不能从理论上为我国物流的实践提供科学的指导及政府的统筹协调对脱离实际的"物流园区热"加以引导和规范，将对现代物流业发展及社会经济的发展造成难以挽回的损失和浪费。

物流园区作为政府推动现代物流发展的主要形式和解决物流市场供求结构矛盾、粗放经营和社会化程度等问题的途径之一，在物流系统中发挥着集约整合社会物流资源、提高整体经济运行效率的作用，但至今对物流园区的研究多集中于技术操作层面，尚未从经济理论层面对物流园区的形成和发展规律做系统研究。中国物流产业发展是以园区的形式形成集群还是分散发展？区域物流产业集中化对地区协调发展有什么影响？另外，从全球经济范围来看，产业发展的集群化越来越成为一种普遍现象，各国在国际上具有竞争力的产业大多是集群发展模式。放眼世界，被产业集群主导的全球经济版图布满了"马赛克式的空间经济黏滞点"，其周围集聚了稠密的经济能量。经济竞争主体已经超越企业的边界，以区域产业集群为主体的竞争格局开始形成。产业集群在世界各国的迅速发展和它对地区和国家经济发展的重要贡献，使得它成为很多学科的重要研究对象。在经济学领域内，产业集群研究也越来越深入，已经成为区域经济学的重要研究领域。集群理论是一种指导地区经济发展和创新的重要政策工具，同时也代表了一种中观层次的经济学思想。因此，从物流产业层面入手，以经济学基本理论为分析框架，以产业集群的全新视角研究中国物流产业发展模式和发展中存在的问题，将对提高物流企业竞争力和管理运作水平提供理论支撑和方法指导，将对越来越依赖产业集群发展的我国区域经济产生重要作用。

本书以研究现代物流产业集群的形成和演进为主体，以共生理论和新兴古典经济学的交易分工理论为分析框架研究物流产业集群形成机理、演变规律和发展模式等问题。本书的意义和价值从以下几个方面反映：

1. 物流产业集群形成和演进模式研究将丰富物流研究的理论内容

物流是一种古老的经济活动，长期存在于社会经济活动中，并分散在生产、交换和消费过程中，但世界物流研究的历史却不到 100 多年，我国仅有 30 多年的历史。我国现代物流的发展与国际先进水平相比，存在较大差距。不仅在物流理论研究上与国外存在较大差距，而且在物流产业集群形成、发展及发展模式等领域明显滞后于物流实践的发展。同时，我国物流研究多为宏观研究，缺乏产业层面的研究，尤其缺乏经济学角度的研究。本书的主旨是从产业层面入手，以经济学基本理论为分析框架，研究物流产业的空间发展机理，将中观研究和宏观研究相互衔接，丰富物流理论的内容。

2. 物流产业集群形成和演进模式研究为深入分析物流产业集聚现象和发展模式等问题提供了一种新的研究视角和范式

目前，很少有文献从新兴古典经济学的角度对现代物流产业空间形态及变化规律进行研究，本书在这一程度上丰富了物流研究方法和思路。

3. 物流产业集群形成和演进模式研究，为我国建设物流园区的实践提供了理论支持，丰富和完善了区域物流和城市物流理论

物流园区是近年来现代物流发展的产物，它是物流节点作业活动空间的集聚体，是政府规划和扶持下物流设施和物流企业及组织的一种空间集聚形态，它的健康发展需要一定的条件支撑和合理的发展机制。从理论上研究物流产业空间发展机理和演进规律及发展模式，有利于理解物流园区的形成机理和运作机制，为物流园区规划和健康发展提供理论依据。

4. 物流产业集群形成和演进模式研究为现代物流产业的发展提供政策依据

目前国家和地方政府都十分重视物流产业的发展，分别在职权范围内对物流产业的发展制定了一些急需的政策。与国外物流产业发达国家相比，在政策的系统性、科学性、合理性上还有一定的差距。本书从理论上系统地研究了物流产业集群的形成和演进模式，使人们在制定政策过程中可以更加清楚地了解现代物流发展的空间机理和发展模式，从而可以依据规律制定更加行之有效的政策，统筹规划，更好地促进现代物流产业的发展。

总之，"物流集群"是对物流产业空间集聚形态的经济学思考和提炼，以产业集群的全新视角审视物流产业的空间发展规律。目前，我国以物流规划和物流园区为代表的物流实践发展迅速，为物流产业集群的研究提供了平台及应用基础，所以，对现代物流产业集群的研究具有很大的理论价值和应用前景。

二、我国物流产业研究现状

物流系统的改进始终是制约人们生活水平与生活质量提高的一个关键因素，随着人类社会经济的迅速发展，物流理论研究也不断向高层次演进。目前在物流概念及其产业边界仍然很不统一的背景下，为了促进物流产业理论研究的持续发展，不同学者从不同角度廓清物流概念及其学科边界、梳理物流理论发展轨迹并取得了相应的成果。李怀政从物流思想和理论的变迁过程对国外物流理论进行了梳理，他将物流理论发展划分为：物流思想的启蒙（1884 年至第二次世界大战前夕）、后勤管理思想的兴起（第二次世界大战期间）、商业物流及其价值的发掘（1945 年至 20 世纪 80 年代初期）、一体化物流管理思想与"战略物流管理"理论的兴起（20 世纪 80 年代中期至 90 年代末期）和基于供应链的物流管理理论及其商业价值（20 世纪 90 年代中期至今）。更多学者从物流概念的演变、物流理论的科学认识、物流管理的实践发展等方面对国外的物流理论和实践发展进行了系统的评述。

我国现代物流研究始于1978年，但直到90年代末，只有少数学者进行了相关研究，如王之泰完成了《现代物流学》，吴清一撰写了《物流学》，1999年清华大学出版了《物流基础》等管理丛书。以 1999 年世界银行与国家经贸委联合举办"中国现代物流发展国际研讨会"为标志，我国掀起了物流的发展热潮，许多省市积极提倡发展现代物流，物流发展呈现"自上而下"的轨迹，各领域开始进行相关研究，成果急剧增多。王健、冯耕中、庄玉良、周启蕾、李振等人从物流概念的引进与发展、第三方物流、供应链、电子商务、信息、物流实践、宏观分析等方面对我国物流理论进行了梳理，笔者认为我国物流研究基本遵循了"引进—应用—吸收—创新"的轨迹。目前，我国物流产业基本处于引进、引用、吸收的研究阶段，尚未进入"创新"研究阶段。物流研究多侧重于宏观描述，多集中于区域、行业和企业的对策研究，很少涉及具体内容，缺乏针对性。同时，我国物流基础研究落后，尤其缺乏基础理论研究，迫切需要在理论上明晰物流产业、物流企业的发展机理，特别是从经济学角度的分析与解释。

第二节　发达国家物流业的发展过程和发展趋势

一、发达国家物流业的发展过程

物流产业的产生和发展是经济发展到一定阶段、社会分工不断深化的产物。传统上的物流活动分散在不同的经济部门、不同的企业以及企业组织内部不同的职能部门之中。随着经济快速发展、科学技术水平的提高以及工业化进程的加快，大规模生产、大量消费使得经济中的物流规模日趋庞大和复杂，传统的、分散进行的物流已远远不能适应现代经济发展的要求，物流活动的低效率和高额成本，已经成为影响经济运行效率和社会再生产顺利进行的制约因素，并被视为"经济的黑暗大陆"。20 世纪 50—70 年代，围绕企业生产经营活动中的物品管理和产品分销，发达国家的企业开始注重和强化对物流活动的科学管理，在降低物流成本方面取得了显著的成效。

随着经济全球化的持续发展、科学技术水平的不断提高以及专业化分工的进一步深化，在美国、欧洲一些发达国家开始了一场对各种物流功能、要素进行整合的物流革命。首先是企业内部物流资源整合和一体化，形成了以企业为核心的物流系统，物流管理也随之成为企业内一个独立部门和职能领域。之后，物流资源整合和一体化不再仅仅局限在企业层面上，而是转移到相互联系、分工协作的整个产业链条上，形成了以供应链管理为核心的、社会化的物流系统，物流活动逐步从生产、交易和消费过程中分化出来，成为一种专业化的、由独立的经济组织承担的新型经济活动。在此基础上，发达国家经济中出现了为工商企业和消费者提供专业化物流服务的企业，即"第三方物流"企业。各种专业化物流企业的大量涌现及其表现出来的快速发展趋势表明，专业化物流服务作为一个新的专业化分工领域，已经发展成为一个新兴产业部门和国民经济的一个重要组成部分。欧美物流产业发展可以分为四个阶段：

第一阶段：20 世纪 60 年代以前

此阶段储存和运输分离，各自独立经营，许多生产工厂、个人都建造仓库（主要是楼仓），是封闭型、储存性的，只具备储存、储备功能。

第二阶段：1960—1980 年

此阶段，产品越来越多，储存期越来越短，储存型向流通型发展。产生了"配送"的概念，仓库向城市郊区发展，楼仓向高架仓库发展，增加了生产过程中的衔接功能和集散功能。

第三阶段：1980—1990 年

计算机的发展，使物流业发展发生质的变化，仓库、配送中心增加了信息处理功能，向综合物流发展，95% 的仓库变成了单层的立体库；增加了配送功能，许多仓库变成了配送中心。

第四阶段：1990 年至今

物流发展到集约化阶段，除了储运货物外，还有许多增值服务，由第三阶段的"我能为客户提供哪些服务"发展到"客户究竟要我提供哪些服务"。这四个阶段主要是对仓库的发展而言的，有些功能是配送中心之外的，如运输。配送中心应该有自用或租用卡车和铁路专用线，越来越多的配送中心提供运输服务以及其他服务。

二、发达国家物流业的发展趋势

21世纪是物流全球化的时代，物流企业之间的竞争将愈加激烈，要满足全球化或区域化的物流服务，企业规模必须扩大，形成规模效益。国外物流发展出现物流企业的集约化与协同化、专业化物流的发展——3PL、物流服务的优质化与全球化、物流战略联盟、政府在物流发展中的作用日益突出。这些物流发展的实质是如何整合优化物流资、客户资源、能力资源，实现方式主要有物流园区、企业兼并和合并、政府主导的宏观资源配置、物流企业自身资源的配置和对社会物流资源的配置。

（一）国外物流发展出现物流企业的集约化与协同化方式

国外物流发展出现物流企业的集约化与协同化方式主要是物流园区的建设和物流企业的兼并与合作。各国在发展物流园区时，由于各国的国情不同、主要目的不同，政府所采取的对策和措施也不同，但一般都是由政府在确定市政统一规划的前提下，在城市的市郊边缘地带或城市之间的主要干线和枢纽地带附近，根据各种运输方式衔接的可能性，规划有利于未来交通设施配套建设的地块作为物流园区，实施政府统筹规划、扶持建设、企业自主经营的方式建设、运营物流园区。世界上各行各业间的联合与并购，必然带动国际物流业加速向全球化方向发展，而物流全球化的发展走势，又必然推动和促进各国物流企业的联合和并购活动。新组成的物流联合企业、跨国公司将充分发挥互联网的优势，及时准确地掌握全球的物流动态信息，调动自己在世界各地的物流网点，构筑起本公司全球一体化的物流网络。

（二）物流服务的优质化与全球化

随着消费多样化、生产柔性化、流通高效化时代的到来，社会和客户对物流服务的要求越来越高，物流成本不再是客户选择物流服务的唯一标准，人们更多的是注重物流服务的质量，物流服务的优质化是物流业今后发展的重要趋势。

目前，许多大型制造部门正在朝着"扩展企业"的方向发展，这种所谓的"扩展企业"基本上把全球供应链条上所有的服务商都统一起来，并利用最新的计算机体系加以控制。制造业已经实行"定做"服务理论，并不断加速其活动的全球化，对全球供应连锁服务业提出了一次性销售（"一票到底"的直销）的需求，物流服务全球化是物流业今后发展的趋势。

（三）物流联盟

物流联盟、虚拟企业和虚拟联盟是企业为强化其竞争优势而进行的企业组织和管理创新，是企业间某些特定的合作关系。战略联盟是指两个或两个以上的企业为了实现资源共享、风险或成本共担、优势互补等特定战略目标，在保持自身独立性的同时，通过股权参与或契约联结等方式建立起较为稳固的合作伙伴关系，并在某些领域采取协作行动，从而取得"双赢"效果。

（四）第三方物流

第三方物流业是代理货主，向货主提供物流代理服务的各种行业所组成的行业。过去很少能由一个企业代理货主的全部环节的物流服务，往往提供的服务局限于仓库存货代理、运输代理、托运代办、通关代理等局部的代理业务，现代经济中完善的第三方物流的代理作用是全部物流活动系统的全程代理。

第三节　国内外物流产业集群研究现状

一、国外研究现状

物流集群是一个崭新的概念，国内外研究较少，英国公司 Trends Business Research Ltd.（Businessline）和 PAWA Consulting Ltd. 在 2002 年 8 月对英国中东部地区物流集群的现状进行了实证分析，最后形成报告：East Midlands Logistics Cluster Mapping & Development。报告以产业 SIC 码为基础，从广义的角度对物流产业和物流集群进行了界定，绘制了物流集群的产业地图，扩大了我们对物流外延的认识，对我们阐释物流集群这一概念有很大的帮助。Businessline 在对印度供应链系统进行分析后，对物流集群给出了自己的定义。将这一概念视为若干投资之间的平衡，这些投资包括信息技术和固定资产投资、培育特定的纵向产业集群的投资以及培育特定的物流环节的投资，同时强调了新的物流供应链战略的必要性。

国外物流集群的文献主要包括以下几个方面：

第一，Logistics and Transport Focus、秋武孝春等探讨了空港物流集群形成机制及其治理。

第二，Tomoya Mori 和 Koji NiShikim，Markus Hesse 和 Jean-Paul Rodrigue，Drs, Joost M.J.Rongen，Philip McCann and Daniel Shefer 对交通运输、交通地理空间分布与

企业集群的关系进行了研究。

第三，De Schrijver Mand Kuipers B.Jennifer Bairand Gary Gereffi 对物流集群、区域物流的竞争优势进行了分析，Forte E. 等物流集群对区域经济和产业集群的作用分析。

第 四，Igor Kabashkin，Jeroen Boerkamps and Arjanvan Binsbergen，Wehkingand Rinschede、Eiichi Taniguchie、L.K.Nozik and M.A.Tumquist、Karageorgos and Anthny 对物流集群与城市物流布局的规划和设计进行了研究。

第五，William P.Anderson and T.R.Lakshmanan 对交通基础设施和技术与集群效率关系的进行了研究。

第六，物流地理学研究。物流地理学主要从物流的空间意义及经济地理学的交通运输研究扩展到物流成本研究等。主要代表观点有 Hesse 和 Rodrigue 认为物流结构的变化具有明显的地理意义，可通过各种流（包括货物运输和车辆）、节点和网络进行研究，O'Kelly，SRI International 则认为物流网络形成了区域、国家和国际三个层次的配送空间结构，并形成了一定的空间演变经济地理学，对空间摩擦的研究应从传统运输成本发展为包括物流成本、供应链组织、相互作用环境和物质环境四种要素的研究上，以上要素共同组成了物流摩擦。

第七，物流的区位分析。Hesse 分析了交通限制、土地价格、长距离运输的联系和区位优势。对比分析郊区和市区的物流企业选址，得出郊区是物流区位的最优选择，但考虑到成本，也应努力靠近客户，所以物流节点的布局在城市边缘地带也成为必然趋势。

二、国内研究现状

目前，我国物流产业集群的相关研究刚刚起步，在万方、维普、中国知网等期刊索引中相关研究主要集中在 2005 年，据不完全统计，2003—2005 年有 40 篇左右的研究论文，主要集中在五个方面：第一方面是基于产业集群理论的物流产业集群竞争优势研究，第二方面是关于物流产业集群的形成和发展机制研究，第三方面是物流与临港、区域经济和集群经济的关系研究，第四方面是物流对产业空间布局的影响，第五方面是物流产业集群区位研究。

在物流产业集群竞争优势研究方面：以支燕、张玲和骆温平等为代表的学者将产业集群 / 集聚理论引进物流产业园区或物流产业分析，研究了物流产业集群的概念、特点和物流企业聚集形成的竞争优势。以黎继子和蔡根女、何炳华、李君华、陈通、余小用和季建华、冯金辉和马妍、董敏、王陆庄、张悟移和张环等为代表的学者将供应链、物流理论引入产业集群分析，研究了产业集群供应链的效率机制和产业集群供应链形成、治理机制和优势。

在物流产业集群的形成和发展机制研究方面：以王瑛、过晓颖和支燕为代表，她们以产业集群理论为基础，结合物流的特点将产业集群的形成和发展机制引入物流产业集聚分析，初步论证了物流产业集聚的经济必然性和必要性，同时研究了物流产业集群形成的原因和条件。

物流与临港、区域经济和集群经济的关系研究：招琳樱和尹英凯分析了港口中心对产业集群和区域经济的发展作用，马永红分析了中小企业集群与现代物流的关系，张文杰分析了现代物流与区域经济发展的关系，沈文天、张荣昌、惠凯、刘志强、宋炳良、张丽、孙云潭等学者分析了临港产业集群的发展对策和集群理论在临港物流发展中的应用。我国对区域物流、物流园区、物流基地等理论研究处于起步阶段，文献较多。多数文献属于问题研究和规划研究，缺乏整体的理论研究。

物流对产业空间布局的影响：韩增林等对我国物流产业的空间布局和特征进行了探讨，金凤君指出辐辐伺服网络逐渐成为物流系统的空间组织模式，陈爆等分析了电子商务下物流业的发展；蔡少华分析了网络空间下的物流信息系统。曾宪培和陈鹏、陈焰在《物流经济地理》中以地理学观点，从产业布局角度分析物流现象，探讨物流经济发展问题。刘承良、朱俊林和徐亮从分析我国各省区物流产业基本经济活动入手，探讨了我国物流产业基本活动的空间格局。毕波和庄建伟分析现代物流对城市空间布局的影响。谢五届和李海建分析了以苏州为例的城市物流空间布局。潘坤友、曹有挥、曹卫东和李传武分析了中国区域物流的类型和空间竞争能力。

物流区位的选择：邱斌、孙少勤探讨了现代物流对产业集聚"区位因素"的影响，认为现代物流强化了"区位因素"，改变了企业空间组织形态。吕拉昌、阎小培分析了经济地理学研究的不足，认为经济地理学应注重流通领域的研究，尤其是现代物流经济研究，探讨了创建物流地理学和深化生产区位理论的重要性。董洁霜、范炳全、刘魏巍分析了现代物流迅速发展背景下港口区位特征与功能以及港口与物流系统内各节点之间的相互作用和相互依存关系，并运用博弈论理论对港口区位合作机制进行了探讨。谢五届、王成金、曹有挥分析了物流空间组织和空间格局。

此外，相关研究还包括物流共生性研究，如杨俊武和张中强的共生型绿色物流体系构建探讨，刘明菲的我国物流市场的共生营销战略；夏德和程国平的企业集群与供应链的共生性研究等。

三、物流产业集群研究的评述

目前，物流产业集群的理论和实践发展比较完善，物流产业集群研究也取得了一定的进展，但研究相对落后，没有形成体系。物流产业集群的研究还存在一些亟待解决的问题。

1. 关于物流产业集群的研究基本遵循了物流集群优势—产业空间分布实证—物流集聚的轨迹。目前处于集群优势和物流集聚因素分析研究阶段，尚未进入物流产业集聚的理论化、模型化研究阶段。

2. 没有明确提出和界定物流产业集群的概念，从物流和物流产业的本质与特征角度研究物流集聚机理几乎处于空白状态，还处于将集群理论引进物流集聚分析的探索阶段。

3. 大多研究停留于个别案例的事后归纳，很少抽象出集群共性特征，从理论角度研究物流产业集群的产生、发展规律。

4. 在研究方法和结果上，基本处于定性和宏观问题对策性研究，缺乏基础理论和模型研究；同时，缺乏物流产业集群的理论分析框架研究。

5. 缺乏结合我国实际的有针对性的物流产业集群系统研究。

第二章 现代物流产业集群相关概念的界定和经济学分析

分析现代物流产业集群发展和演进规律首先需要对现代物流、物流产业、现代物流产业集群的内涵和外延有一个清晰的界定与经济学分析，深化对现代物流产业集群主体企业，物流的特征、性质、类型的认识，形成基本概念框架，为分析物流产业集群的形成发展和变化规律奠定基础。

第一节 现代物流的概念和特征

一、现代物流的概念

（一）现代物流概念的界定

"现代物流"是相对于"传统物流"而言的，是在传统物流不断发展的基础上形成的。许多学者从西方物流概念的演变分析了现代物流概念的形成和发展，基本就西方现代物流概念的形成和历史演变达成了共识，但是在现代物流的概念和内涵上存在分歧。目前国内关于传统物流和现代物流的认识主要有四种观点：

1. 宋华和胡左浩从物流企业管理层次角度区分了现代物流和传统物流，认为所谓现代物流是指为了实现顾客满意，连接供给主体和需求主体，克服空间和时间阻碍的有效、快速的商品，服务流动经济活动过程。他们认为物流一词从 Physical Distribution 发展到 Logistics 的一个重要变革，是将物流活动从被动、从属的职能活动上升到企业经营战略的一个重要组成部分，因而要求将物流活动作为一个系统整体加以管理和运行。也就是说，物流本身的概念已经从对活动的概述和总结上升到管理学的层次。这种观点继承了美国管理学派的物流观点，从管理环境和管理理念即管理层次的角度区分物流概念的变迁。

2. 何明珂认为"传统"和"现代"是一个时间上的概念，显然从"physical distribution"到"logistics"的 20 多年时间还构不成"传统"和"现代"所需的时间跨度要求"physical distribution"和"logistics"都是现代的，因而"现代物流"与"传统物流"的说法不成立。何明珂是针对目前部分学者将西方物流概念划分为"传统"和"现代"的说法评论的"physical distribution"和"logistics"只是概念内涵随管理环境和管理理念变化而变动，并不涉及中国概念中的"传统"和"现代"，因此他讨论的是西方现代物流的概念演进过程。

3. 宋耀华以徐寿波院士的大物流为理论基础，从物流性质入手分析了现代物流和传统物流，他认为物流非固有性质的"传统/现代"特性被定义为"传统物流/现代物流"，并以物流时间维、物流性质维和物流特征维构建物流发展状态三维结构模型，阐述传统物流与现代物流的辩证关系。把基于现代物流的服务、管理、技术和经济等非固有性质，为顾客提供综合物流服务的物流工程模式称为现代物流。宋耀华是从工程的角度和工程特有的内容（服务的形式、管理模式、技术设备、生存的环境）来讨论和界定现代物流内涵的。

4. 丁俊发从物流功能的集成和分散的角度界定了传统物流和现代物流。他认为传统物流是物品在空间与时间上的位移，达到这一目的靠运输与仓储。在传统物流模式下，运输与仓储都是分割的、单功能的。而现代物流是以专业化物流为主，以信息技术为支撑，以物流功能集成和整合为手段的物流管理模式。目前，这种观点在我国比较流行。

对现代物流和传统物流的划分和概念产生分歧在于对物流本质认识模糊。目前，我国关于物流的定义很多，比较典型的有美国四大学派、日本、欧洲和中国的物流定义。美国管理学派、工程学派、军事学派、企业学派、欧洲的物流定义和日本"后勤"的概念本身体现的是物流活动的管理，物流是伴随着经济全球化、信息技术和知识经济的发展而产生的，在系统化管理方式与现代工程技术和信息技术等支撑下，是用现代化的新技术、新业态、新服务方式满足现代物流需求的过程而进行的一系列活动，是一种在经济全球化、信息技术和知识经济迅猛发展背景下实现物体时间和空间效用的管理方法和运作模式，突出了物流微观管理的特性。美国和欧洲的定义反映了现代物流与管理融合的特性，既具有现代管理的特征和动态性又体现了物流执行主体——企业的特征和物流全过程的组织管理，侧重对企业内部和企业间各项物流活动的管理，没有反映出物流的本质特征和现代物流特征。日本物流定义指出物流是物质资料从供给者向需要者的物理性移动，是创造时间性、场所性价值的经济活动。从物流的范畴来看，包括包装、装卸、保管、库存管理、流通加工、运输、配送等诸种活动。该定义界定了什么样的活动是物流活动，即有意识地创造时空价值的活动，强调了物流过程的作业形态及作业效率和具有政府推进的背景，即物流不仅仅局限于企业中的物流管理实践，而且要对宏观物流活动进行统筹规划。我国在吸收了外国特别是日本物流的名词和定义的基础上正式提出了自己的物流定义，物流是"物品从供应地向接受地的实体流动过程。根据实际需要，将运输、储存、装卸、搬运、包装、流通加工、配送、信息处理等基本功能实施有机结合"（《中华人民共和国国家标准物流术语》，2001）。该定义试图融合欧美物流的管理特征和日本物流的抽象的特点，反映物流的本质特征和具有多重推进主体的背景。我国的物流发展落后主要体现在宏观物流节点"小、少、散、弱"，经济运行成本过高，管理体制僵化；物流企业管理理念落后、规模小、服务内容单一、技术和知识含量低；物流理论研究滞后于经济发展。所以，我国提出的物流定义反映了我国发展物流的背景和多途径特点：

（1）发展现代物流过程中需要政府统筹规划，研究和制定推动现代物流发展的一系列政策，利用后发优势，促进物流业的发展；

（2）传统物流企业发展现代物流的重点是功能的集成和整合特点；

（3）突出了物流技术在现代物流发展中具有的独特作用，以及物流学者的研究、培训、咨询、宣传的辅助作用。

由于对物流的本质和现代化特征认识的模糊和分歧，以及所处的角度不同，实践中对物流活动的感受各异，加之物流宣传上的混乱，导致了人们对现代物流概念理解上的差异。如果对于同一个概念存在着各自不同的理解，那就失去了相互交流，以及准确界定和认识事物的基础。因此，有必要对现代物流的概念和特征进行研究和探讨。通过研究比较可以得出，现代物流是工业化比较发达阶段的产物，它是以信息革命为核心的新技术革命兴起的，催生知识经济时代和加速经济全球化发展，引起产业结构全方位变革过程中物流分工和专业化发展的结果。

随着科技进步、需求的多样化发展，企业内部的物流活动分工进一步细化，这一点可以从现代物流组织的演进得到证实。企业内部分工的深化必然导致企业管理难度的增大和成本的增加，形成内部分工的约束，同时受企业本身潜力的限制，内部分工不会无限细化。必然会出现分工的边际效益递减，当分工的边际收益等于企业边际管理成本时，企业分工趋于稳定。要进一步提高分工水平和专业化报酬，就需要通过组织创新，使企业内部的分工走向外部市场化，通过扩大市场规模，进一步深化分工，实现更高的生产效率。所以，随着企业对核心竞争力的重视，以及信息技术的发展和应用对传统的管理方式和交易方式的改变，一种新的市场化分工组织——第三方物流企业迅速发展起来，第三方物流是传统物流或企业内部物流分工细化的结果，是一种新的服务形式。

现代物流是在传统物流分工基础上形成的，依托现代信息技术和现代管理理念而发展起来的，知识和技术相对密集的实现物体时空效用的一系列服务活动。即现代物流是伴随信息技术、知识经济和全球一体化发展产生的，用现代化的新技术、现代管理，新业态、新服务方式改造提升传统物流服务，创造需求，引导消费，向社会和企业提供高附加值、高层次、知识型、实现物体时空效用的生产服务和消费服务的国民经济新领域。

（二）现代物流概念的延伸

随着经济全球化和高新技术尤其是信息技术的迅猛发展，现代物流是在不断发展变化的，因而对现代物流不能僵化地、一成不变地理解。除了以上的基本界定外，还应当从以下三点全面理解现代物流的内涵。

1. 现代物流是一个动态的概念

内外物流学者普遍认为，所谓的物流活动古已有之，并非现代社会的新鲜事，但真正意义上的"物流"概念直到现代社会才出现。20世纪外延不断地发生变化，从军事领域到PD再到Logistics、SCM，不仅伴随着物流术语的变化，还有内容、形式的变化，作为社会分工的有机组成部分，经历了一个不断分化、组合的过程。比如，企业内部物流由分散管理走向集中管理，再到社会化进而形成新的社会分工形式——第三方物流。由于现代物流的形成是一个动态过程，其形成过程和发展过程是密不可分、结合在一起的。因此，必须把现代物流当作一个动态过程来认识，在发展中理解其本质和表现形式。

2. 现代物流是一个相对的概念

首先，现代物流在形成和发展的时间上有相对性。不同国家和地区因发展水平和侧重点不同有不同的理解和定义。现代物流是社会生产力发展到一定阶段的产物。

其次，现代物流在包含的范围上有相对性。在现代物流形成和发展的不同历史阶段，它所包含的范围在质和量上都是有很大区别的。比如，现代物流业不仅包含传统物流业的功能，还包含信息、加工、集成等新的功能。物流业作为一个动态发展过程，其包含的范围会随着社会生产力的发展而不断拓宽。

3. 现代物流是一个多层次的概念

现代物流主要是为实现物体的时空价值和附加值而进行的有目的的活动，其价值的实现较其他企业复杂，既需要完善的物流设施和运输网络组成物流企业的活动平台和潜在的物流需求，又需要先进的企业组织和管理。由于现代物流具有共生或派生特性，实现模式多样，涉及领域广泛，行业分布广泛，其中的许多行业在产业性质、功能、生产技术及与经济发展的关系等方面都存在很大差异，形成了一个相互协调发展的支柱产业群，是一个多层次的相互协调的体系。

二、现代物流的特征

（一）现代物流产生和发展的前提条件

现代物流的产生和发展存在三个前提条件：一是比较发达的工业基础；二是现代信息技术、运输技术和现代管理理念的兴起和发展；三是知识和技术的储备与扩散。

1. 比较发达的工业基础

从经济学角度分析，现代物流需求是一种派生需求，它是在为生产和消费提供物体时空效用和高附加值或节约服务成本并增加企业效益的基础上获取利润的一系列服务活动。现代物流利润是通过提供实现物体时空效用的服务，减少人力，减少企业内部运作环节，提高生产效率，降低成本，增强与保持竞争力和顾客满意度的方式实现的。它是企业在信息技术迅猛发展，经济全球化，竞争日益激烈的背景下，资源和人力领域的利润潜力越来越小，利润开拓越来越困难的情况下，生产活动运作模式变革的必然结果。同时，发达工业为现代物流发展提供了巨大的物流需求，现代管理理念及发达工业形成的多产业集聚的知识、信息、金融、技术及网络优势，为现代物流的发展奠定了基础。

2. 现代信息技术、运输技术和现代管理理念的兴起和发展

信息技术的发展给农业、工业和服务领域带来了翻天覆地的变化，不仅促使产业内部分工进一步细化，新的产业部门大量涌现，而且改变企业的生产方式与生存环境及顾客的消费水平与偏好。信息技术的发展，提高了信息的及时性、准确性、可靠性和可获得性，为企业和传统物流业引进以时间为基本条件的新的物流服务奠定了基础，这种迅速而可靠的信息交换为基础的作业安排为以基于时间的物流为基础的新战略、新管理方法与模式的出现提供了条件。技术的进步和消费者需求的多样性，一方面使得产品生命周期不断缩短，新产品不断涌现，企业面临缩短交货期，提高产品质量，降低成本和不断改进服务的压力；另一方面，由于信息和运输技术的进步，全球化进程加快，企业间的竞争加剧，以及政治、经济和社会的巨大变化，使得需求的不确定性大大加强，导致需求日益多样化。企业为了对市场变化做出快速反应，源源不断地开发出满足顾客需求的"个性化产品"，不得不改变传统的管理模式，由传统的"纵向管理模式"，通过采取新的生产方式如JIT、敏捷制造、柔性生产、外包、供应链管理等向"横向管理模式"过渡，实现企业经营的核心化——产品研发和市场，达到快速响应市场的目的。企业的新的竞争环境不仅为现代物流的产生提供了潜在的市场空间，而且为现代物流的产生提供了新的管理模式和理念，这些共同促进了现代物流

的产生与发展。

3. 知识和技术的储备与扩散

现代物流是知识积累和技术进步的产物，是对新知识和新技术创新性学习和应用的产物。现代物流的知识性具体表现为：向客户提供知识密集的物流服务、咨询功能、强烈的交互性和与物流需求者的共生性；现代物流服务也体现出明显的知识获取、整合和扩散的功能。因此，现代物流的发展需要有快捷的获取知识的途径和完备的知识储备。而随着信息技术和通信技术的发展，知识和信息的传播、储存和应用达到了空前的规模，也为物流知识和技术的整合和创新奠定了基础。

（二）现代物流的特征

现代物流是产生于工业化比较发达的阶段，主要依托发达的信息技术和现代管理理念发展起来的，知识和技术相对密集的一种服务活动，是信息技术和市场竞争加剧的条件下，企业或传统物流企业的"演进"和社会分工在现阶段进一步深化的结果。因此，现代物流具有以下六大特征。

1. 现代管理特征

现代管理理念和运作模式是现代物流发展的基础之一，也是与传统物流的重要区别。现代物流活动与现代管理理念相结合形成一种新的经济运行模式和管理方法，具有鲜明的特点。

（1）系统化和整体最优特征，即功能集成和资源整合。传统物流孤立地从事产品出厂后的包装、运输、装卸和仓储等活动；而现代物流将运输、仓储、装卸、搬运、包装、流通加工、物流信息等功能要素有机地结合在一起，作为一个系统来进行管理。系统化方法可以使企业的物流需求与外购物流有机地结合在一起，使物流贯穿于企业的采购、生产、销售以及废旧物的回收和废弃全过程，形成一种良性的系统化物流循环。物流的系统化可以大大节约流通成本，提高流通效率与效益。

（2）以实现顾客满意为第一目标。现代物流是在为生产和消费提供实现物体时空效用和高附加值或节约成本服务并增加企业效益的基础上获取利润的一系列服务活动。它的发展依赖于生产和消费的发展，因此现代物流是在企业经营战略基础上从顾客服务目标的设定开始，追求顾客服务的差别化战略。在现代物流中，顾客服务的设定优先于其他各项活动。为了使物流顾客服务能有效地开展，在物流体系的基本建设上，要求具备完善的物流中心、信息系统、作业系统和组织构成等条件。

（3）现代物流管理重视效率更重视效果。现代物流与传统物流相比在管理手段、管理范围、管理层次上都发生了变化。在物流手段上，从原来重视物流的机械、机器等硬件要素转向重视信息、知识等软件要素。在物流活动领域，从以前以输送、保管为主的单一活动转向物流全过程、一体化横向发展，即向包含调达在内的生产、销售领域或批发、零售领域的物流活动扩展。从管理方面来看，现代物流从原来的作业层次转向管理层次，进而向经营层次和组织间供应链管理发展。

（4）现代物流的运作模式多样复杂。现代综合物流摆脱了传统企业的内部物流和实体分配的单一模式，发展起多元化的物流企业运营模式，如自营物流与外协物流、物流联盟与综合物流配送中心、厂商物流、批发商物流与零售商物流、城市物流、区域物流与国际物流等。

2. 现代性特征

物流现代化主要有两方面的含义：一方面是指物流技术装备的现代化，包括运输、装卸搬运和仓储等物流功能要素的装备现代化；另一方面是指现代物流的信息化和知识化。

一方面，信息技术与现代物流相结合提高了物流作业效率。计算机的普及提高了数据、信息的采集、分析、处理和及时更新能力，使大量信息的存储和转换成为可能；条码技术、射频技术使流通过程中的各种信息采集工作变得简单可靠；网络技术、EDI 技术使各种数据信息的传递更加快速和准确。这些都为科学快速的物流决策提供了可能，使自动化、柔性化技术得到广泛应用，从而大大提高了物流效率，扩大了物流活动的范围和领域。另一方面，信息技术和现代物流相结合改变了物流管理理念和运作方式。物流的信息化促进了传统物流节点网络、金融系统、信息网络和企业组织的融合，促进了现代管理理念的实施和发展，实现了跨区域、跨组织的物流功能和职能的优化与水平整合。信息化突破了传统企业中单向物流为主的运作格局，形成了物流、信息、商流三流为一体的全新运作方式，改变了传统企业管理策略，促进了新的管理战略的实施，提高了企业的市场响应能力。另外，现代物流的信息化促进了经营的虚拟化、运作模式的多元化及产业的融合。

现代物流的知识化体现在两个方面：

（1）服务产品中知识和技术含量比较密集。在信息和知识经济时代，现代物流发展主要是由技术进步、分工深化、企业竞争加剧和管理变革引起的对物流中间需求的扩展推动的，即由生产型和消费型物流推动，而不是传统的最终需求派生的。其价值实现需要与生产者、消费者强烈地交互，需要投入大量的知识劳动才能提供定制化的服务。

（2）以信息、知识为主的新物流形式不断涌现，如第四方物流、供应链规划等。

3. 多重产品属性特征

物流产业在融合之前，每个行业提供的基本是单一服务内容，具有单一产品属性。

融合之后的物流产业提供的服务则具有多重产品属性，除了各项基本的传统服务内容之外，附着在传统服务之上的知识产品属性增强。另外，由于生产和消费企业对运输、仓储、配送等物流服务的功能要求及对服务档次的要求各不相同，使物流服务本身表现出多层次、多样化、分散化的特性。

4. 社会化特征

随着社会分工的细化和市场需求的日益复杂，越来越多的企业倾向于资源外购，将本企业不太擅长的物流活动交由专业的物流公司承担，或者在企业内部设立相对独立的物流专业部门，将有限的资源集中于自己真正的优势领域。这样，专业的物流公司就可凭借其人才、技术和信息等方面的优势，采用更为先进的物流技术和管理方式，取得规模经济效益，从而实现物流合理化。所以，现代物流社会化的主要表现是：物流市场化程度提高，第三方物流迅猛发展，配送中心日益普及。

5. 共生的特征

现代物流在利润实现方式上与传统物流或企业不同，它的发展依赖于生产和消费的发展，尤其是在经济全球化和信息时代的背景下，依赖于生产和消费领域因技术进步、分工深化、企业竞争加剧和管理变革引起的对物流中间需求扩展的深度和速度的增加，表现为现代物流主要采用与生产企业和商业的长期合作、建立战略联盟、集团化经营等形式。同时，现代物流的发展形式和特点是消费、生产的空间特性决定的。另外，现代物流功能的实现要依靠运输、仓库等物流节点组成的物流网络，对物流基础设施，尤其是交通枢纽有较强的依赖性。因此，现代物流有较强的寄生性和共生特征及融合性。

6. 网络性的特征

现代物流是社会物流（包括生产资料和消费资料流通）的各个环节（采购、运输、仓储、包装、流通、加工、搬运、通信等）构成的一个有机整体，即物流系统。该系统在新经济条件下，由于客观的因素必然是网络化的物流系统。因此，无论是现代微观物流经济还是现代宏观物流经济，都是在网络化基础下谋求物流过程的高效率、协调性和总体经济性。

第二节　现代物流形成的经济学解释

从物流组织的变迁中可以看出现代物流的发展是产业分工细化的产物，节约了产业链不同环节的中间产品衔接点的物流费用和交易费用，经历了从无到有、从分散到集中的演化过程。随着分工的发展，物流活动的程度经历了如下几个过程：与材料和商品流动相关的服务，基于现有企业内部结构的面向流程的合作，企业内部面向流程结构的设计，跨企业结构面向流程的设计。在上述过程中物流管理活动的焦点、外延、组织和技术等发生了变化，物流活动越来越复杂。物流演进经历了分工内向发展和外向发展，物流分工的内向发展和外向发展是相互交错、不断进行的，推动促进物流主体向更高级的形态发展。物流分工内向和外向不断发展的结果是改变了物流主体的角色和主体间的关系，形成了各种不同的物流运作模式和行为主体，促进了物流作为复合产业的形成。

一、基于分工经济的现代物流的内向分工演进

物流分工的内向发展表现在厂商物流功能实现方式的变化上。厂商物流功能分散，遍布于整个企业的各个职能部门。各个部门在承担采购、生产和销售等职能工作的同时，兼顾有关物流职能。物流功能处在从属和辅助的地位，部门之间联系松散，通常各自为政，并大部分以自给自足方式完成企业的各项物流活动，只有少部分环节如远程干线运输由传统的运输企业来负担。随信息、知识经济的发展和经济全球化进程的加快，企业之间的竞争日益激烈，市场需求不断变化和不确定性增加。为了改变部门协调性差、信息延迟和扭曲等导致的浪费和效率低下，出现了企业物流内向分工的发展。

二、基于分工经济的现代物流的外向分工演进

物流分工的外向发展表现在社会物流资源配置方式的变化上，即社会物流资源组织化程度不断提高，物流分工外向发展的结果是第三方物流的出现，第三方物流的产生有三个来源。

（一）企业内部专业化物流部门的外部化

当市场范围和企业规模进一步扩大，企业物流组织的规模也在增大，协调内部组织所需的各种费用大大增加，当其大于因企业物流专业化而节约的费用时，物流开始从企业分工向企业外部市场发展，以期通过进一步分工与专业化，来实现更高的物流效率。产品需求多样化以及市场竞争加剧，企业为了提高市场响应速度和客户服务水平，必然在与顾客服务密切相关的物流领域加大设备和技术投资，由于物流资产具有高度的专用性，从而加大了交易费用。物流运作模式的多样性和主体的多元化，造成信息不对称、搜寻成本增加、逆选择和机会主义，增加了交易的不确定性和交易频率；以共生为目的运作形式和信息技术的普及，大大降低了交易费用，从而促进了企业物

流的外部市场化或物流外包，促进了第三方物流的形成。

（二）企业间分工

将1、2部门视为两个企业。即使没有外生的比较优势，由于企业分工决策的差异，导致1、2企业物流专业化程度的差异，专业化的物流又进一步强化了其相对优势，随着专业化物流的不断发展壮大，物流企业从事流通的优势愈加突出，并最终由量变引发质变，相对优势成为绝对优势，必然形成第三方物流。

（三）传统物流分化

在传统物流服务领域中，由于历史发展的原因，各种运输方式在不同社会生产背景下得到发展，物流的各个职能如各种运输方式、仓储等各个环节相互独立发展。这种分工最初促进了制造业物流的专业化发展，制约了现代物流的外向发展。但是传统物流在与企业内部物流的竞争中具有外生的比较优势（网络优势），在竞争中其物流专业化程度不断加强，同时为了适应企业产品需求多样化和客户服务水平提高的需要，又不断地拓展服务范围，向现代物流转变，逐渐形成专业化的物流公司。

现代物流的形成是经济分工和经济专业化、经济交易效率的提高驱动的。

三、基于中间层理论的现代物流主要形式——3PL 的分析

从现代物流的特征和现代物流形成的经济学分析可以看出，作为现代物流标志的3PL 不是传统意义上物流企业为生产和商业企业提供单一的物流服务，而是通过集成和整合物流资源提供具有差异化的服务。由于 3PL 的共生制度安排和信息技术的影响，3PL 提高了物流需求者——生产企业和商业企业的交易效率和交易成功率，通过集成与整合物流供给者的物流服务或功能，降低了传统物流供给企业的交易费用。两者共同形成了物流外包费用的降低和基于 3PL 物流的新的分工的出现——第四方物流。依据斯普尔伯的中间层理论，研究有关第三方物流的文献可以得出：3PL 和 4PL 本质是物流需求者和物流供给者之间的中间层厂商。

假设在一个物流供给者和一个物流消费者简单经济中，物流需求者愿意购买一单位的物流服务，支付意愿为 V，供给者愿意提供一单位的物流服务，生产成本为 C。假设采用直接交换方式，供应商和消费者将就交换条件进行讨价还价，发生费用为 T，即双方总的交易费用为 T，则交易带来正的净利益：

$$V-C-T>0$$

由于采取讨价还价的交易形式可能存在机会主义，如一次性交易和交换不同的报价，为了使分析简化，假设交易双方平分交换的利益（在交换利益不均等划分情况下

同样成立）（V-C-T）/2。

假设存在一个中间层能够以价格 3 从物流供给者购得物流服务，并以价格力转卖给物流需求者；中间层始终能够遵守价格承诺，中间层发生的所有交易费用为 K；物流需求者和物流生产者的支付意愿和生产成本保持不变，不随交易方式的变化而变化。很显然中间层与讨价还价的直接方式竞争，只有中间层能够降低交易成本，经由中间层的交易才会发生，即

$$K \leq T$$

在现实经济中，作为中间层的 3PL 处理的交易量大大超过物流需求者和供给者的个人交易量，在市场上的时间大大超过单个物流需求者和供给者。与物流需求者和供给者之间的直接交易相比具有以下优势：

（一）信息和知识优势

3PL 分散地与不同物流需求者和供给者进行交易或重复交易，即使没有外生的信息优势，也能收集更多的私人信息，一方面减少了信息不对称的影响，另一方面增加了知识积累，改善了决策，降低了搜寻成本和讨价还价的配对成本。从现代物流的产生过程和共生特性分析，3PL 拥有信息和知识优势，不仅拥有关于物流网络及其运作方式、物流各环节集成和整合的知识，而且拥有关于物流需求者的个性化物流的信息，降低了交易费用和风险。

（二）维持信誉，减少机会主义

3PL 交易相对集中和频繁，在信息收集和分配方面享有优势，有利于生产和分配信息实现规模经济。同时依靠其在市场的时间长，建立起的信誉优势及合同保证了信息的准确性，有效降低了逆选择和机会主义（频繁的交易有助于降低机会主义）。

（三）降低交易次数

产品需求多样化、市场竞争加剧与技术进步，不仅改变了企业的生产方式，提高了客户服务水平的压力，而且增加了与顾客服务密切相关的物流需求的增加。集成、整合的个性化物流服务的需求增加，一方面增加了企业内部各部门间的沟通和信息交流，增加了与传统物流企业的交易频率；另一方面增加了物流领域中设备和技术等专有设备的投资，导致交易协调成本的增加与交易风险的增加。另外，由于企业对运输、仓储、配送等物流服务的功能要求及对服务档次的要求各不相同，使物流服务本身表现出多层次、多样化、分散化的特性。物流业的这一特性使物流需要方在寻求物流提供方时需要支付较高的搜寻成本。通过与 3PL 的交易可以有效地降低交易次数，最终

降低交易费用。

3PL 的出现和有效的制度安排提高了物流市场的交易效率，交易效率的提高又促进了分工的发展，因此，3PL 不仅是集成物流的供应商，而且具有中间层的特征。

第三节　现代物流产业的概念和特征

通过对现代物流产业的概念、特征及经济的分析研究，可以得出现代物流是一个新兴产业的结论，但对现代物流产业的概念、特征、构成等问题没有给出清晰的界定。因此，将在这一节对物流产业的概念、特征、构成等进行分析探讨，为以后的现代物流产业集群的研究奠定了基础。

一、现代物流产业的概念

（一）现代物流产业概念的界定

经过多年现代物流业是产业还是非产业的争论，随着对现代物流对经济发展作用的认识不断深化，政府、学术界和业界对物流是一种新兴的服务产业的界定基本达成共识。但在对现代物流产业的概念、构成和特征的认识上却大相径庭。

美国物流协会对现代物流产业的构成进行了界定，但是没有明确物流产业的概念。它指出"物流产业包括上游供货业、运输代理业、铁路行业、物流咨询行业、水运行业、航空业、海运业、小包裹运输业、仓储业、港口业、第三方物流业、多式联运业、包装业等"。

《中国现代物流大全》指出，"物流产业是指铁路、公路、水路、航空等基础设施，以及工业生产、商业批发零售和第三方仓储运输及综合物流企业为实现商品的实体位移所形成的产业"这一定义明确指出了物流产业的构成及构成标准——为实现物体时空价值提供服务的企业，虽然提到了综合物流企业，但没有反映现代物流的管理特征、现代特征等，没有反映现代物流与传统物流的区别及现代物流发展的新兴性。

汪鸣和冯浩指出，"物流既具有从提供服务的经营角度的独立服务产业特点，又具有从产销企业内部经营管理角度的非独立产业形态，还具有因物流技术的使用而通过产销企业物流服务外部化的供应链管理的一体化所体现的经济利益共享现象"，据此认为物流产业是一种复合型产业形态这一定义反映了现代物流的系统性、整合特征和运作模式的多样性，但是不符合构成产业定义须有三个规定性，即规模规定性、职业化规定性和社会功能规定性，忽视了产业投入产出计量的可行性。

李学工认为，"物流产业是指专门从事将商品或服务由起始地到消费地发生空间位移，对其进行高效率与高效益流动及储存为经营（活动）内容的盈利性事业组织的集群。它是流通产业的子集，但又是从流通产业中商品所有权的转移和商品实体的移动的传统部门中分离出来，形成一个独立的产业。它包括交通运输业、邮电通信业、国内贸易业、餐饮业、物资供销业及仓储业等"。这一概念对物流产业的界定过于宽泛，不符合我国产业／行业划分的规定，不利于从产业层面上推动物流的发展和制定政策。

丁俊发指出，"物流产业是物流资源产业化而形成的一种复合型或聚合型产业，物流资源有运输、仓储、装卸、包装、流通加工、配送、信息平台等。运输又包括铁路、公路、水运、航空、管道。这些资源产业化就形成了运输业、仓储业、装卸业、包装业、加工配送业、物流信息业等。这些资源散在多个领域，包括制造业、农业、流通业等。把产业化的物流资源加以整合，就形成了一种新的物流服务业。这是一种复合型产业，也可以叫聚合型产业，因为所有产业的物流资源不是简单的叠加，通过优化整合，可以起到 1+1 ＞ 2 的功效"。该定义把具有将分散在各领域的物流资源系统整合功能的活动作为标准划分产业，注重了物流运作模式多样和共生的特性，忽视了划分产业的规定和产业具有可计量的投入产出特性，与汪鸣定义基本相同。

徐寿波认为，"从实物形态看，整个国民经济是由物的生产、物的流动和物的消费三大领域组成，也可以说整个国民经济是由生产、物流和消费三大支柱产业群组成。这里我们把物流不仅仅看作是一个支柱产业，而是一个支柱产业群，因为它涉及运输、配送、仓储、包装、流通加工、物流信息、物流设备制造、物流设施建设、物流科技开发、物流教育、物流服务、物流管理等等产业"。这一概念将物流视为流通，产业范围极其宽广。实际上将物流产业视为一种理念，有利于改变我国目前物流条块分割的管理体制，形成一个有序的宏观物流环境。

海峰认为，"现代物流业是一个新兴的产业形态，是社会分工深化的结果。现代物流业的产业主体是专门从事为市场提供物流服务的经济组织或提供物流活动支持的部门及其物流活动的集合"。帅斌指出，物流产业是集交通运输、通信、物资供应、仓储保管等产业的部分职能于一身的

新兴产业部门，且绝非是各职能的简单汇总，而是将上述产业社会职能依照社会分工日趋专业化的发展规律，并以现代科学技术尤其是网络信息技术的支撑为前提，浓缩形成一个崭新的致力于提高社会总体效率和效益的产业部门这些概念虽然与汪鸣、丁俊发的表述和侧重点有所区别，但在本质上基本相同。

张圣忠指出，"依托于'物'的流动过程建立起来并为'物'的流动过程服务的、以整体优化理念为指导的、系统化的概念产业。他认为物流产业只是用来推动物流产

业发展的理念，不具有实体边界，与徐寿波的"大物流产业论"有异曲同工的效用。

万云虹认为，"物流业属于第三产业，应从物流服务网络这一特性上定义：凡是提供物流服务的实体，服务类型是多样的和综合性的，利用科学管理及信息技术，拥有物流专有资产的企业（第三方物流）的集合体，构成物流产业"。这一概念考虑了构成产业的规定和投入产出计量的可行性及我国划分产业的规定，为从产业层面推进物流的发展提供了可能，但此概念未考虑发展的角度和共生性，不利于物流产业的发展。

这里列举的几种代表性的概念，仅从各自的立场出发，依据现代物流的不同特征对物流产业进行了界定，由于现代物流产业具有新兴性、信息技术、共生等特征，准确把握现代物流产业的边界十分困难。现代物流的新兴性指其在时间上是随经济全球化进程加快和信息技术迅猛发展而出现的一种新的社会分工形式，随物流实践的发展其范围和运作形式不断拓展与丰富，因此在分工形式处于动态发展时期难以对其外延和内涵进行准确的把握。信息时代的主要特征之一是产业的融合，物流作为信息和知识经济时代的新兴服务业之一，具有与其他行业高度融合的特征。比如，在技术进步、放松管制和管理创新等条件下，传统物流业边界出现了渗透、交叉和整合，导致产业之间的业务融合、市场融合和空间的拓展，原产业特征发生变化，产业边界模糊或消失。共生特性进一步加快了产业间的融合，为界定带来困难。因此，得出现有物流产业的界定不完全符合目前物流产业发展的实际和推动物流发展的初衷。

基于对物流内涵与本质的理解，本节将现代物流产业定义为：伴随着信息技术、知识经济和全球一体化发展产生，用现代化的新技术、现代管理、新业态、新服务方式改造提升传统物流服务，创造需求，引导消费，向社会和企业提供高附加值、高层次、知识型实现"物体"时空效用的生产服务和消费服务与不可或缺的支持性活动的企业的集合。从狭义的角度讲，它特指由整合分立和分散的物流资源、有机集成和协调仓储、运输、装卸、搬运、保管、信息、配送、加工等企业物流职能形成专业化物流服务活动和不可或缺的支持性活动的企业的集合，即新的社会分工形式。从广义的角度讲，它指新的社会分工形式为主体的多层次的产业群，是从传统物流产业向现代物流产业过渡的各种组织的集合。这一概念结合了产业层面的规定、投入产出的计量性和理念性等多方面内容，既反映了产业特性又反映了推动物流发展的理念初衷。

（二）现代物流产业概念的延伸

随经济全球化和高新技术尤其是信息技术的迅猛发展，现代物流也在不断发展变化，因而对现代物流产业的内涵不能僵化地、一成不变地理解。除了以上的基本界定外，还应从现代物流的内涵和本质特征角度理解现代物流产业，物流产业概念具有动态性、相对性、层次性和抽象性的特点。

二、现代物流产业的构成

现代物流是生产力发展到一定阶段的产物，随着经济社会的快速发展和科学技术的不断进步，物流的运作模式发生演进式的变化，物流产业的业务内容随之不断丰富。在不同的历史发展阶段，物流产业会被赋予不同的内容和表现形式，即便在同一时期，不同的人从不同的角度考察，也会对物流产生不同的理解，因此，任何试图静态地准确地界定物流产业业务构成的想法都是不现实的。应以动态的观点来分析现代物流产业的构成，从物流服务的需要出发以物流业务、基础设施、技术对现代物流体系的发展是否有利为标准，而不是单纯地判断它是否属于物流产业的范畴。

三、现代物流产业的特征

现代物流的本质特征决定了现代物流产业的特征，但物流产业的发展是现代物流企业集合发展的结果，具有与现代物流鲜明的区别。

（一）对相关产业及部门物流资源的整合性

物流产业的产生与发展是建立在与国民经济各产业部门资源整合的基础之上，将社会较为零散的物流资源进行重组与整合，作为回报向社会各产业部门提供具有个性化、差异化、标准化的物流服务。

（二）与国民经济各产业结构融合化

产业结构融合化又称"产业结构重叠化"或产业结构软化，指在知识分解和融合的基础上，由于大量新技术日益趋同而形成的知识产业群。物流是生产、消费和传统物流中知识分解，产业间物流知识和技术趋同与生产、消费和传统物流中知识渗透组合共同衍生出来的新的知识和技术密集型的产业。它借助于信息技术，将以前分属于多个行业的物流资源整合，同时将其产出融合于其他产业的产出之中。

（三）是现代服务业中的新兴产业

不仅具有服务产品的无形性、即时性、异质性和易逝性四大特征，而且具有现代服务业的三新（新技术、新业态、新方式）和三高（高知识含量、高技术含量、高附加值）特征。

（四）网络性

在现代经济和技术条件下，物流服务呈现的整合和集成特征是物流系统网络化的结果。现代物流在网络化基础上谋求物流过程的高效率、协调性和总体经济性。

第四节　物流产业集群的概念和特征

一、物流产业集群的概念

从物流产业集群的文献研究和北京科技大学关于现代物流产业集群相关研究查新报告可以看出，现代物流产业集群研究处于起步阶段，对物流产业集群的界定处于探索阶段。目前关于物流产业集群的定义主要有：

通过国外有关文献的研究，关于物流产业集群含义较多，泛指物流领域的物流园区、物流基地和供应中心。

王瑛指出，"现代物流产业集群是指在某一特定的区域内即物流园区内，以运输枢纽设施（如港口、机场、铁路货运站、公路枢纽等）、科研开发组织（物流技术、物流信息平台的开发等）、管理部门为依托，运输、仓储、装卸、包装、加工配送、物流信息及其相关制造、流通企业在空间上的集聚现象"。

周昌林认为，"基于港口的物流产业集群是指聚集在港口附近区域并依托港口，以第三方物流企业为核心，在业务上有着分工和合作的物流企业及相关单位所形成的产业组织形式和经济社会现象"。

章建新指出"物流产业集群是指在一个区域地理环境中，聚集着功能不同的物流企业，依靠地理和区域经济的优势，将运输、仓储、货物进出口、物流加工与配送及信息处理有机集成，形成物流产业链提高物流运行效率"。

文海旭认为，"物流集群是指在一定的空间范围之内，以物流主干企业为核心的，同时具有竞争和合作关系，有相互关联性的物流企业、专业化的供应商、服务供应商、相关产业厂商，以及相关机构如大学、制定标准化的机构、产业公会等集中并保持持续竞争优势的现象"。按照我国的产业代码分类笔者对物流集群涵盖的产业做了一个统计。在我国物流集群主要涵盖了C门类（制造业）、E门类（建筑业）、G门类（交通运输、仓储及邮电通信业）、I门类（金融、保险业）、K门类（社会服务业）、M门类（教育、文化艺术及广播电影电视业）等六大门类，70多个产业。

另外，支燕、朱意秋、李均、王成金等人论文多次提到物流产业集群，但并没有给出明确的概念界定，一般指物流园区、物流中心、港口等。

以上定义基本沿用了迈克尔·波特关于产业集群的定义："集群是指在某一特定领域内互相联系的、在地理位置上集中的公司和机构的集合。集群包括一批对竞争起重要作用的、相互联系的产业和其他实体。"产业集群经常向下延伸至销售渠道和客户，并从侧面扩展到辅助性产品的制造商，以及与技能技术或投入相关的产业公司。最后产业集群包括提供专业化培训、教育、信息研究和技术支持的政府和其他机构。波特认为，集群包含一系列相关的产业和其他对竞争重要的主体。例如，它们包括专业化投入品，如配件、机器和服务等的供应商和专业化基础结构的供给者。集群通常向下游延伸到营销网络和顾客，并且平行扩张到互补产品的生产商以及通过技能、技术或共同投入品联系起来的业内公司。最后，很多集群包括政府和其他机构——如大学、标准评估机构、智囊机构、职业培训机构以及贸易机构——它们提出专业的培训、教育、信息、研究和技术支持。物流产业集群的定义基本反映了集群的组成、地域性、枢纽的作用，但是没有反映物流的本质特性或物流产业的特性，不利于对现代物流产业集群特征认识及进一步的分析和探讨。

二、物流产业集群的特征

根据现代物流、物流产业的含义和特征，本节认为现代物流产业集群是依托交通枢纽形成的物流网络，以物流需求为指向，对分散物流资源整合优化实现物体时空价值为纽带的物流价值链组成的企业，及其相关组织和机构集聚在一起形成的群落。物流产业集群除了具有产业集群的一般特征外，还具有物流产业集群自身的基本属性和本质特征。

（一）物流需求指向性的地理空间上的集聚

现代物流是生产和消费活动中的一种派生需求，它与生产和消费活动密切相关。同时，服务业的集聚与城市（生产、消费的混合体）有很大关系，服务业的集聚特征和内容往往与城市的规模、类型有关。现代物流是服务业的重要组成部分，所以，物流产业集群往往围绕物流需求的客户群——生产中心、消费中心或城市形成集聚。

（二）以物流网络为依托的物流资源地理空间上的集聚

现代物流产业集群为物流需求客户提供以物体时空转移为基础的个性化物流服务，根据现代物流共生特性可以得出，个性化集成物流服务的实现一方面要依靠运输、仓库等物流节点组成的物流网络，尤其是高度依赖交通枢纽和本地物流设施网络；另一方面需要对分散的物流资源进行高效系统的整合，必然要求物流资源空间相对集中。

（三）企业间分工协作与竞争的关系

物流产业集群的企业不同于其他产业集群中的企业集中于某一生产工序或某一中间品生产，通过专业化大规模生产节约成本，提高效率，而是以物流功能、物流资源及管理范围为基础进行分工，通过对物流功能和资源的优化整合达到基于时间的物流网络优化，实现通过节约社会物流成本和提高客户服务水平的"第三利润"。企业间的竞争表现为具有同一物流功能的企业和不同物流网络选择的企业协作群之间的竞争。

（四）社会网络、物流网络和信息网络的高度耦合

物流产业集群实际上是以地理临近为前提，以物流功能、资源整合集成为基础，以物流网络为支撑条件，以文化融合为联结纽带的企业网络，相关企业间的地方社会网络关系和物流实体网络是其最重要的特征。三网的形成进一步增强了物流各环节的连续性、信息的通畅性和产业、企业间的融合，加速了知识外溢与技术扩散，尤其是大量非编码化知识在集群内部的传播与流动，大大提高了群内企业的创新能力。

（五）跨区域和跨产业性

现代物流集群具有跨地理区域和跨产业的双重特点。

1.跨区域是指物流产业集聚的地理空间与服务范围和服务对象分布的不一致性。首先，物流活动往往要实现物体的大范围移动，是由物流的本质决定的；其次，由于物流网络具有社会性和物流资源的全社会分散性，形成了跨区域的物流功能、资源的整合优化和物流需求者的跨区分布。

2.跨产业是指物流的共生性决定了物流是一项为其他产业提供辅助性服务的行业，具有较高的渗透性，可为多个行业提供物流服务。

（六）地理集中程度与其他产业集群相比相对较低

物流功能的实现依赖于物流节点网络，尤其是基础设施网络，如交通运输网络。基础设施具有固定的地理位置、空间的不可移动性和跨区域的特点，导致了物流产业集群的地理分布相对分散，集中程度较低的现象。

（七）多中心性

现代物流为物流需求者提供集成一体化服务需要围绕某一中心（物流服务集成提供商或物流服务集成部门）进行物流功能集成和物流资源的配置优化，所以服务集成提供商或物流服务集成部门构成了物流产业集群的核心成员。在一个集群内部可能存在多个物流服务集成商或生产、消费企业的物流集成部门参与物流企业的物流功能集

成和资源整合，所以物流产业集群具有多中心性。

（八）地域性

物流产业集群同其他产业集群一样存在"空间摩擦"，如距离、时间、集载、转载、分载。物流企业的某一区域的集聚和与生产、消费的共生集聚克服了"空间摩擦"，有效降低了物流功能集成和资源整合的成本。

第五节　物流产业集群的功能和分类

一、物流产业集群的功能

（一）形成和获得外部规模经济

企业空间集聚具有三个优势：专业化投入、劳动力池共享和知识溢出。物流价值链的形成依赖于物流功能、物流网络结点的协调和整合，单个物流企业不可能为生产和消费提供个性化定制的物流服务和服务所需的专有性资产；大量物流企业集聚在一起，扩大了市场的供给能力和专业化供给水平，形成了专业化的物流网络，专有设备投资风险降低，提高了企业效率。物流产业集聚有利于吸引专业化技术工人的集中，由于创造出完善的劳动市场，满足了物流劳动的动态需求和工人的稳定性。物流产业的集聚与共生促进了知识的溢出，增强了物流各环节的连续性、信息的通畅性和产业、企业间的耦合，有利于物流企业的创新和专业化水平的提高。

（二）优化资源配置

物流产业集群的形成将促进物流资源和集聚区物流市场交易（集群间企业和集群与物流需求的交易）的集中。分散的物流资源通过这些市场流入集群内的企业，并经由市场的调节使资源流向效率高的企业，从而得到合理的分配并实现物流资源的优化配置，提高企业的竞争力，实现规模经济和范围经济的完美结合。另外，物流集群的形成有利于形成网络和资源共享优势。物流集群的运作依赖于社会网络、物流节点和技术网络、交易网络的耦合，三网的高度耦合有利于知识、技术的扩散和获取，有利于产业间的融合和集群内的各种合作联盟的形成，有利于降低交易成本、搜寻成本及机会主义风险。物流企业的地理空间的集中有利于企业信息知识的共享，通过信息资源的共享，集群区域内的物流企业可在较低的信息获取及交易成本下，获取资源整合的协同效应，同时也有利于集群内部的分工和专业化。

（三）建立竞争优势

物流产业集群通过地理集中和产业组织优化，通过群体协同效应获得物流服务的竞争优势，具体表现有服务成本优势、产品差异化优势、区域营销优势、市场竞争优势四个要素。

（四）促进产业发展政策的制定

随着物流企业间和物流需求者之间的竞争和合作，一些新的分工和产业会逐步产生，这为新企业的发展提供了良好的环境，而新企业的产生在新一轮的循环中又会引发更多新的分工机会。久而久之，区域的可持续性发展成为可能。物流产业集群的形成，也为政府对企业的政策援助提出了更加明确的要求，有助于政策制定部门针对产业发展的需要，创造适宜于产业发展所要求的环境和条件。

二、物流产业集群的分类

物流产业集群根据不同的标准可以划分为不同的类别。

根据物流产业集群的物流需求指向性不同，可将物流产业集群分为生产型物流产业集群、消费型物流产业集群、枢纽型物流产业集群和混合型物流产业集群。

根据国家干预在产业集聚过程中作用的强弱程度以及市场机制和政府作用的互动程度，可将产业集群分为市场主导型产业集群、政府扶持的产业集群。

根据物流产业集群内企业间的组织程度不同可分为非组织型物流产业集群和组织型物流产业集群。

根据物流资源整合范围和物流功能集成程度不同可分为简单的物流产业集群和复杂物流产业集群。本书采取物流需求的指向性分类来分析物流产业集群的形成和演进规律。

第六节　物流产业集群与其他概念的比较

目前，在一些学术论文、政府规划报告和有关物流的新闻中经常出现将物流产业集群、物流园区、物流中心、物流基地、物流联盟、虚拟集群等术语并提和混用的情况。这种有关物流名词术语界定不清、使用混乱的现象，不利于学术研究和交流，更不利于物流产业集群的发展和建设。因此，有必要对它们进行界定和辨析。

一、物流产业集群与物流园区、物流基地、物流中心的比较

物流园区、物流基地、物流中心是物流产业发展过程中形成的不同物流业态或模式，是在特定的区域内物流企业为实现物流资源优化与功能整合的聚合点。虽然它们的内涵、区域跨度和发展的侧重点不同，在国内外实践过程中它们体现了综合性、地域性、物流资源的集中性和物流市场交易的集中性。同时，它们本身是一种物流资源或结点，在这些物流资源的基础上，物流企业作为物流资源的整合、物流功能的执行主体与支撑服务主体在此聚集，形成群落，它们本身就是物流产业集群。根据企业间的组织程度与物流资源整合和功能集成程度的不同，它们属于不同发展阶段的物流产业集群，例如储存型物流中心属于简单的初级的物流产业集群。

二、物流产业集群与物流联盟和虚拟物流企业的比较

物流联盟、虚拟企业和虚拟联盟是企业为强化其竞争优势而进行的企业组织和管理创新，是企业间某些特定的合作关系。

战略联盟是指两个或两个以上的企业为了实现资源共享、风险或成本共担、优势互补等特定战略目标，在保持自身独立性的同时，通过股权参与或契约联结等方式建立起较为稳固的合作伙伴关系，并在某些领域采取协作行动，从而取得"双赢"效果。

虚拟企业是由一些独立的厂商、顾客甚至同行竞争对手，通过信息技术连接成的临时网络组织，以达到共享技术、分摊费用、满足市场需求的目的。

从定义看，在物流联盟和虚拟物流企业中企业间的合作有严格的规定并进行严格的管理，具有较强的不稳定性，存在主导企业，虚拟企业还具有临时性。它们的合作范围和内容虽然具有物流产业集群的跨区域合作和物流功能的集成等特点，但不满足集群的植根性、社会网络特性、稳定性，它们只是物流产业集群内企业间合作采用的形式之一。

三、物流产业集群与物流虚拟集群的比较

企业虚拟集群是指以合作创新与共同发展为内容和目的，借助先进的通信技术和互联网络，相互关联的企业及其他组织机构通过正式和隐性契约所构成的相互依赖共担风险且长期合作（在虚拟空间）的集聚体。组成物流虚拟产业集群的企业具有生产的公共属性，即生产（包括提供服务）相同或同类产品、生产（包括服务）同一价值

链上的不同产品。这种"同一性"是虚拟产业集群整合增效的基础。

物流虚拟产业集群突破了物流资源的地域分布的限制，拓展了物流集群的发展空间，形成了更大的创新网络，它是集群发展的高级形式。但是，它运作的基础仍然是物流节点网络和真实的物流产业集群。只有在真实物流产业集群基础上借助信息网络，才能实现更大范围的物流资源、物流功能整合优化，以及跨区域的物流企业的合作。由现代物流的特征可以看出，现代物流服务的实现依赖于信息、知识和高技术的投入，依赖于物流供给者和需求者的交流，所以，地理的邻近性和企业间的互动是实现物流服务的高附加值和创新服务的保障。地理的邻近性、文化的邻近和集聚对物流企业的知识流动、信息获取、学习和创新至关重要，现实空间的物流产业集群是虚拟物流集群的基础和保证。

四、物流产业集群与物流企业集群的比较

目前对产业集群和企业集群混用的现象比较普遍，一些学者认为两者是同一概念，只是观察分析的方法不同；也有的学者对产业集群和企业集群进行了区分。例如，李亦亮认为产业集群与企业集群的区别是：产业集群强调企业间的联系，对地理的集中性要求模糊；产业范围界定模糊；与企业集群单一的企业主体相比，具有企业与研究机构、大学等支持组织共同构成的多元主体特性；产业集群没有强调企业的数量和规模，而企业集群由数量众多的中小企业构成。

第三章 现代物流产业集群的理论基础

现代物流产业集群的形成和演进不是单一学科所能解决的问题，其研究跨越了现代物流学、经济学、现代管理学、经济地理学等多学科。因此，需要简单回顾产业集群、物流空间组织和模式变动的相关理论，在此基础上构筑现代物流产业集群的形成和发展理论。

第一节 产业集群形成和演进的研究框架

目前关于产业集群形成机理的研究很多，主要集中在经济学、企业生态学、企业竞争优势理论和经济地理学，其中多属于多学科的交叉研究。根据物流产业集群的特点、特性及撰写的需要，本节主要概述基于共生理论的产业集群集聚和基于新兴古典经济学的交易分工理论。

一、基于共生理论的产业集群理论

"共生"（Symbiosis）一词是由德国生物学家德贝里在1879年首先提出的一个生物学概念，其原意是指两种不同种属的生物在同一环境中互相依赖，共同生存。袁纯清直接将生物学的共生概念及相关理论向社会科学拓展，首次完整地应用共生方法，从经济学的角度较为系统地表述了共生理论，并将其引入我国小型经济的研究。共生的三要素由共生单元、共生模式和共生环境构成，任何共生关系都是这三者相互作用的结果。

产业集群与共生体存在着天然相似的特征，因此有学者将共生理论应用于产业集群的研究。Ian R Gordan 和 Philip McCann 从社会生物学的角度将产业集聚的发展过程分为三种模式：纯粹集聚、产业综合体式集聚和社会网络式集聚。美国学者马库森认为集群分类中的卫星式和轮轴式中的大企业与小企业形成了很好的共生。程大涛运用共生理论指出集聚企业的共生有助于降低企业集聚的市场交易成本和内部管理成本，并提出了共生关系下集聚企业的衍生模式、集聚企业对共生对象的选择机制、集聚发展过程的调节机制。杨毅、赵红将共生观点引入企业集聚，并按照反一体化的思路构建企业集聚的组织结构，将其分为对称型、非对称型和混合型，进而对构造的集群组织结构进行三维评价。周浩利用生物学中描述不同种群的 Logistic 模型对企业集聚的卫星式和网状式两种共生模型进行了稳定性分析。冯德连分别运用共生理论与交易费用理论分析了中小企业与大企业的八种共生组合模式。本书将在共生理论的基础上研究物流产业集群具有的共生特点，并进一步利用交易分工模型，从理论上分析集聚过程和集群下物流分工的多样性。

二、新兴古典经济学交易分工理论

新兴古典经济学的理论基石是以斯密、杨格为代表的古典经济学中的分工理论，以生产者和消费者完全统一、生产中存在专业化经济、消费者偏好多样化与存在交易费用为分析框架，以超边际分析为工具，解决了分工经济与交易费用的两难冲突。新兴古典经济学关于专业化分工和报酬递增的核心思想是：制度变迁和组织创新对分工深化有着决定性的影响，而能否实现高水平分工则与交易效率有关；分工和专业化水平决定着专业知识的积累速度和人类获得技术性知识的能力决定报酬递增。分工的深化取决于交易费用与分工收益的相对比较，呈现出一个自发演进的过程。因此，通过大量的关于分工组织的试错实验，人们可以获得更多关于分工组织的制度性知识，从而选择更有效的分工结构，改进交易效率，提高分工水平，使他们获得技术性知识的能力提高，形成内生技术进步和经济发展。即在经济发展的初始阶段，生产效率很低，人们只能选择自给自足。随着劳动经验的逐渐积累，生产效率有所提高，经济开始逐步增长，人们相对可以承担起一定的交易费用，通过互相交换产品，开始产生初步的分工和专业化生产。由于专业化生产加速了经验积累和技能改进，"知识沿空间的互补性"的"溢出效应"，使生产效率进一步上升，经济发展逐步加速，使人们在权衡专业化将带来的报酬和将要增加的交易费用后，认为可以支付更多的交易费用，实验新的分工组织，以进一步提高分工的水平。这样，就形成了一个良性循环的过程，使分工演进越来越快。

新兴古典的均衡比较表明：当交易效率低时，分工的好处被分工造成的大量交易次数之费用抵消，自给自足是这种两难冲突的有效折中；而当交易效率高时，分工的好处就大于因分工引起的交易费用，分工就会是全部均衡。当交易费用和生产函数参数达到一定的临界值时，需求和供给以及间接效用函数会发生非连续性的跃变。杨小凯等学者以专业化分工为基础的关于经济聚集的阐述，是自马歇尔以后把空间因素纳入经济学理论框架的一次重大尝试。他们将分工、交易费用、交易效率的概念和一般均衡的分析工具，以及制度分析引入经济聚集的研究中，不仅给人们一种方法论上的启迪，而且使得该问题的研究对于现实经济更具有解释力。

第二节　现代物流产业集群的理论框架

物流产业集群除了遵循一般产业集群集聚的规律外，还必须符合物流产业的共生性和物流企业的本质特性，即物流价值链对物流资源的依赖性和其生产要素特征，它们是形成现代物流产业集聚的基本条件和保证。

一、现代物流产业集群的集聚因素分析

（一）现代消费和生产的特点是物流产业形成集聚的基本因素

现代物流活动是商品实现其社会价值和增值过程中，时间空间效用的具体实现形式，是联系生产和消费的中间环节。没有生产和消费，就不会有物流活动，也就不存在物流节点网络、物流企业及其集聚的现象。现代物流产业具有与现代生产和消费的从属关系或共生关系，是现代生产和消费发展的伴生产业。现代生产和消费的特点决定了物流产业的发展模式和特点，也就决定了物流产业集群的形成、演变和空间组织规律。

1. 现代生产模式要求物流产业集聚

随着科学技术的迅猛发展和经济全球化进程的加快，顾客的消费水平不断提高，企业间竞争加剧，加上能源紧张与政治、社会、经济环境的巨变，使得需求的不确定性大大增加，导致了需求的多样性。上述原因不仅导致了需求的不确定性和多样性，而且是企业不断提高自身竞争力的外在动力。面对全球市场的竞争和迅速变化且无法预测的买方市场，传统的生产模式对市场的响应非常被动和缓慢。为了适应市场的变化和增强自身竞争力，企业采取了许多基于时间和知识的制造技术、管理方法和空间布局的调整策略。

（1）争相采取基于时间的生产模式

企业为了提高市场的响应速度和满足日益苛刻的客户服务要求，纷纷采取了敏捷制造、柔性制造系统、准时制生产、精益生产、最优化生产技术、顾客化定制等手段。它们以顾客为中心，将采购、生产和流通进行集成，按照市场需求组织生产，实现生产与销售的灵活性，减少浪费，降低库存等物流费用。这无疑使企业物流管理和配送

工作日益复杂化、动态化和系统化，不可避免地遇到传统物流系统条块分割、效率低下的阻力，必然要求新的物流理念、形式及与供应商的良好关系作为支撑。新的物流一要实现企业内部物流资源、功能的动态优化整合，满足新生产方式对物流的需求；二要高效地实现小批量、多品种商品的快速配送，适应灵活的分销制度；三要帮助供应商与生产企业实现同步反应，协同化作业的要求。技术进步、分工深化、企业竞争加剧和管理变革引起了对物流中间需求扩展的深度和速度的加快，则促进了现代物流的产生和发展。

（2）基于知识的组织设计和选择

在信息和知识经济时代，企业面临着一种与以往传统工业经济时代很不同的经济环境：竞争日益激烈，由区域性和全国性市场竞争逐步转变为全球竞争，国际经济一体化趋势日趋明显；市场由大众化、标准化产品卖方市场转变为满足客户个性化需求的买方市场，企业生产因此从大规模流水线生产转变为小批量、单件的定制生产；由于产品生命周期的缩短、顾客对交货时间的限制和服务的增加，时间成为竞争成功的关键；信息和知识成为企业核心生产要素；技术创新成了企业发展的强大动力和竞争优势所在。

为了适应知识经济和信息经济的市场竞争，企业纷纷采用"归核化"策略和组织的重构，企业由垂直一体化的组织向扁平化、网络化、柔性、虚拟化、中间组织方向发展，企业的联盟、动态联盟、虚拟企业、产业集群等成为企业获得竞争优势的新的组织形式。企业组织的变化导致社会分工细化，引起中间产品物流需求的急剧扩展，形成以现代物流为代表的新的生产服务业的迅速扩张。

企业"归核化"和物流外包策略增加了社会化物流的需求，企业组织的变革促进了新的物流服务的产生和发展，加快了传统物流的现代化进程。

（3）基于时间和知识的区位选择

随着信息和运输技术的迅猛发展，企业竞争范式的转移，企业的区位选择和企业间的空间分布发生了很大变化。信息经济和"生产的时间依赖性"导致了经济发展的本地化趋势，降低了企业的信息处理成本。组织有效的物流有助于企业在不同区位的功能整合，因而它在大企业全球生产网络的形成中起到了重要作用。为了获得时间的竞争优势和知识尤其是隐含性知识，企业往往采取集聚的形式参与竞争，依托产业集聚或集群对资源的整合能力和协同效应获得竞争优势。企业区位的选择和空间分布的集聚对物流提出了更高的要求，通过发达的物流体系，将生产、分配、交换、消费四个环节有机联系起来，获得了时间的竞争优势。

物流本身是一种服务，具有物流提供者和物流需求者接近的特性，又由于企业生产方式、组织的变革等对物流的时间性和服务水平提出了更高的要求，为了满足企业的物流需求和知识的交流,物流企业往往采取与生产企业邻近设厂的做法或合作形式。同时物流还具有资源的分散性、物流基础设施的固定性和物流功能相对独立等特征,为了提供集成的物流服务和降低成本,物流业必须向生产中心集聚。

2. 现代消费特点要求物流产业集聚

随着信息经济的发展,消费水平的不断提高,消费出现了许多不同于传统工业经济的特点:消费的个性化发展;时尚消费和符号消费发展迅速;跨区域消费和多种消费文化的融合趋势明显;体验消费成为新的热点。

新的消费趋势和特征导致了消费市场具有明显的不确定性、多样性、非实物化和时间性,是经济和技术发展的必然趋势。制造企业和零售组织必须在短时间内应对易变的市场,有效的经营方式和物流战略实施的基础是做出有效灵活的选择,以使组织在激烈的全球竞争中获得优势。就制造企业而言,为适应消费的变化,纷纷采用新的生产方式、组织形式,使企业的物流管理和实物配送工作复杂化。就零售业而言,提供一站式购物服务的集购物、休闲、娱乐(体验)为一体、融合多种商业业态的大型购物中心或商业集群应运而生了。Shopping Mail 多建在郊区或几个城市之间,具有庞大的规模、无所不包的功能、方便的停车场,商圈范围通常为 30~100km,最大可达数百公里。在那里,大卖场、超市、专业名品店、百货公司、娱乐中心应有尽有。

新的商业业态对物流的时间性、服务水平提出了新的要求(如自动补货),物流需求大幅度增加,物流业必须向消费中心集聚。

(二)物流要素的特征是物流产业形成集聚的主要原因

产业集群理论认为企业的空间集聚是社会因素、经济因素和自然因素等众多因素相互作用形成的空间形式。其中,经济因素是最为重要的因素。对物流产业来说,物流要素是物流经济系统中最基础性的要素,物流要素的特点决定了物流运作模式和空间组织。因此,分析物流要素的空间属性对于理解物流产业集群很有帮助。

1. 物流要素特性分析

目前物流学界对物流要素的说法比较多,主要有物流功能要素、物流活动纵向组成、物流生产要素和物流服务横向组成等。从物流系统功能的角度分析物流要素是物流学界比较传统的分析方法。物流系统功能要素指物流系统所具有的基本能力,一般包括运输、储存保管、包装、搬运装卸、流通加工、配送和物流信息等七项功能。物流活动的纵向组成主要有"四要素"学说,该学说认为物流要素主要由动素、动作、作业、作业环节四个方面的要素构成。物流的生产要素是从企业生产的角度分析的,主要包括人力、物力、财力、设备、任务和信息。物流服务横向组成要素论点主要有何明珂的"物流七要素"论和袁炎清"物流六要素"论。何明珂的七要素论是 2001 年在其 1997 年提出的"物流三要素"基础上扩展而来的，他认为物流要素包括流体、载体、流向、流量、流程、流速和流效。袁炎清则认为物流要素包括流体、载体、流向、流量、流程和流速。结合物流活动的时空特性，可得出物流要素具有流动性、结合性、吸附性的特点。

（1）流动性

物流要素的流动性指物流活动的基本目的是实现物体和服务的时空价值，体现为商品、服务及相关信息的地域上的快速位移，并力求达到"用时间消灭空间"和"把商品从一个地方转移到另一个地方所花费的时间缩到最低限度"的目的。所以，物流要素相对于其他类型的经济要素容易实现大范围的空间位移。流动性是物流要素的根本特性，是其他特性的基础。

（2）结合性

物流要素结合性指物流要素容易与自身要素以及其他类型的经济要素相互作用和结合，形成集成效应。物流的结合性首先体现为物流要素与商品和服务的结合以实现其时空效用；其次体现为物流作业、功能与物流网络及节点的结合和共生性，即物流要素只有与载体结合才能形成物体的时空价值；最后体现为物流要素间的耦合，实现物体的时空转移和物流功能集成优化的系统目标。现代物流摆脱了物流功能各自相对独立运行的传统物流的束缚，通过物流要素的整合，实现物流功能的整合，达到物流系统的整体目标。

（3）吸附性

物流系统相对于其他生产系统具有很强的动态性，一方面在地域上和时间上的流动容易吸引其他类型的要素向物流节点方向移动集聚；另一方面通过地域间的流动被吸引到其他类型的经济要素、自然要素和社会要素的集聚地并同时发生相互作用和结合，形成物流要素引导的复合型经济聚集体，这就是物流要素的吸附性。

2. 物流要素的空间规律

由于物流要素具有流动性、结合性和吸附性，物流要素的空间行为具有方向性、聚集、扩散性和区位指向性的特点。

（1）方向性

物流是物资资料从供给者向消费者有意识的时空的转移，是一种有序的地域流动，具有明显的方向性。

（2）集聚性

由于物流要素的三个特性和其空间行为的方向性，物流要素很容易在空间上形成集聚，运动形式主要有三种。

①辐合型。物流要素由于受其他类型的经济要素、自然要素和社会要素的吸引，即外部经济性作用，向某一区域集结和聚合。

②辐散型。物流要素从一个中心有目的地向区外分散转移，是由外部不经济所致，比如目前物流企业多分布在城市的边缘。

③嵌入型。在经济或非经济的因素驱动下，短时间内向某一区域大的注入、移植物流要素及其组合。

在三种物流运动作用下，物流要素的集聚形式根据区位要素及其组合的不同主要有：

①节点集聚。物流要素向某一点汇集，结果形成现代的物流中心、园区、港口区等。

②带状集聚。物流要素向物流网络，尤其是运输干线（如铁路干线、公路干线和主要航道）集聚，形成物流带。

③城市集聚。物流要素依靠节点和线点向城市汇集，形成了物流网络节点、线的汇集点，即城市物流系统，主要是可以低成本地获取城市基础设施等公共物品。

（3）扩散性

物流要素的扩散性指物流要素在地理空间上的分散趋向和过程。物流要素扩散主要是为避免集聚的不经济，寻求新的发展机会，区位指向作用和政府的政策等原因。根据集聚形式不同，物流要素的扩散形式主要有辐射、带状和网状扩散。其中辐射扩散是指物流要素以物流节点为核心向外呈辐射状扩散；带状扩散指物流要素在带状集聚的基础上所呈现的扩散方式，是若干点状扩散相连的结果；辐射和带状扩散的衔接形成网络状扩散，这是现实经济地域运动中较常见的扩散形式。

（4）区位指向性

物流要素的区位指向性是物流要素在选择区位时表现出尽量靠近特定区位的趋向。物流要素的流动带有明显的增值倾向，以求扩大经济和非经济的收益。在现实经济活动的空间上，客观存在物流要素流动的偏好倾向，即在某特定区域稀缺要素不愿流出而愿意流进。例如，北京就是许多大型物流公司的聚集地。

二、现代物流产业集群的研究框架

根据现代物流、物流产业及物流集群的特性和产业集群形成和演进的研究框架，设计了物流产业集群的基本理论框架，主要有基于共生性的物流产业集群共生模型研究，基于交易分工理论物流产业集群研究，基于共生理论和集聚的物流产业集群演进和学习创新理论研究，基于共生理论和集聚优势的政策研究四大部分。

第四章　基于共生的现代物流产业集群形成模式理论

现代物流集群具有共生性或派生性和物流需求的空间指向性，导致了物流设施、设备等资产的高专用性。比如，德国多尔鹏物流园区内的纸张再加工仓库，它是专门为 NORDLANDPAPER 大型造纸厂服务的，仓库的建筑设计、纸张切割流水线的设备购置以及仓库管理信息系统的开发，完全按照客户的需求提供量体裁衣的增值服务，可在仓库内为造纸厂进行纸张切割、包装。

现代物流产业集群与生产和消费业具有很强的共生性，彼此关联度很高，共荣共衰，具有横向共生关系，即物流企业与物流需求企业的共生关系。同时，现代物流的特征是物流资源整合和物流功能的集成，通过本地物流设施网络与运输枢纽网络有机结合，为客户提供一站式物流服务，关联企业较多，产业链与传统相比较长、专业化趋势明显，适于集群化发展。例如，德国的不来梅物流园区和日本和平岛流通基地等。这既是现代物流产业发展的客观要求，也是现代物流产业发展的必然结果。因此，组成物流价值链的各个物流企业之间具有很强的依赖性，彼此关联度很高，形成了纵向共生关系，即物流企业间的集成关系。

根据现代物流共生特性可以看出，个性化集成物流服务的实现依靠运输、仓库等物流节点组成的物流网络，尤其是高度依赖交通枢纽和本地物流设施网络。物流网络和交通枢纽是重要的区位因子，物流企业的生存发展与区位，尤其是与交通枢纽具有共生关系（是有物流特有属性决定的）。

这三种共生关系类似于生物群落的共生关系，是形成现代物流产业集群的主要途径，所以要用共生理论来研究物流产业集群的形成机理。

第一节　现代物流产业集群的共生理论

现代物流集群的共生是指集群内企业与物流需求主体（生产和消费）及集群内的企业间、企业与组织机构间，在一定的共生环境中，以一定的共生模式形成的相互依存关系。

物流产业集群这一共生系统是由共生单元、共生关系和共生环境三要素构成的，其中共生单元是基础，共生环境是条件，共生关系是关键。

物流产业集群主要存在三种共生关系，即与物流需求主体的共生关系、物流价值链各个物流企业之间的纵向共生关系和对运输枢纽的依赖关系。

一、现代物流集群共生单元

生物学中，共生单元是指构成共生体或共生关系的基本能量和交换单位，是形成共生体的基本物质条件。在物流集群共生系统中，物流价值链的企业、物流的需求主体（生产和消费）和相关服务企业与组织构成了物流集群的共生单元。在物流集群的三种共生关系中，共生单元所处物流系统的层次和本身的性质与特征各不相同，必然影响共生分析的思路和方法的选择。

我们先引进两个反映共生单元特征的两个参数：质参量和象参量。

质参量反映共生单元的内在性质，对任何共生关系中的共生单元而言，存在一组质参量，它们共同决定共生单元的内部性质，在这一组质参量中，各个质参量的地位不同，而且是变化的。

现代物流集群共生单元质参量主要有物流服务、服务质量、技术含量、集成程度；横向共生单元质参量有物流需求的性质（投入产出）、产业关联度、交易性质、物流产品性质（具体的物流对象）、物流产品特征、包装、产品服务化程度、产品的定价等；交通枢纽共生单元的质参量有本地物流网络和设施的特征、交通网络和节点的特征等。在特定时空条件下，众多质参量中往往有一个质参量起主导作用，称之为主质参量，主质参量对共生关系的形成具有关键作用。比如在横向共生单元中物流交易的性质是主质参量，它决定着物流集群的形成、专业化水平和演进。

象参量反映共生单元的外部特征，共生单元的象参量也不是唯一的，一个共生单元往往存在一组象参量，这组象参量从不同角度反映共生单元的外部特征，例如企业的规模、企业的文化、企业的公众形象等。

二、现代物流集群的共生关系及共生关系指标

（一）现代物流集群的共生关系

共生关系也称为共生模式，是指共生单元相互作用的方式或相互结合的形式。它反映物流集群共生单元之间的物质、信息和能量的产生、交换、配置关系和强度。物流集群形成的纵向和横向共生组织系统，有助于降低企业的交易费用；有利于企业核

心竞争力的形成；有益于分散的物流资源的整合和集成，实现物流资源的最优配置；有利于增强企业间的信任，减少企业的不确定性和风险。现代物流是经济发展到一定阶段的产物，它与物流需求者的关系，以及物流企业间选择物流集成服务的模式复杂多样，存在一种以上的共生关系，而且共生单元选择何种共生关系，取决于多种因素。现代物流集群共生系统的主要共生关系有两种。

1. 产业间供需型共生关系

产业间供需型共生关系是指由企业间物质、信息或能量的供求关系形成的共生体，反映了物流服务的派生特性。

根据共生企业的行为划分为偏利共生和互惠共生，如物流子公司与母公司的关系属于典型的偏利共生关系。互惠共生根据共生企业间的物质、信息交换关系分为对称互惠共生和非对称共生两种。在物流实践中，最普遍的是非对称共生，对称互惠共生是一种理想状态。物流集群的非对称共生关系反映了共生体中企业间的内在作用机制，是建立在共生企业间的分工合作基础上，通过共生企业间的物流、信息流等多边交流机制，产生新的增值活动和相应的增值分配机制。目前比较流行的物流战略联盟、供应链管理、物流战略合作伙伴关系等物流组织形式多属于产业间非对称互惠供需型共生。

根据共生单元之间的组织程度，共生的模式可分为点共生、间歇共生、连续共生和一体化共生四种。

这两种划分方法结合在一起形成了偏利的点共生关系、偏利的间歇共生关系等多种共生模式。

2. 产业内集成共生关系

物流产业集群内的企业共生关系主要有两种：一种是为物流需求方提供集成物流服务而形成的众多功能型物流服务提供商的集成共生关系，表现为形成物流价值链的不同物流企业合作关系；另一种是组成物流价值链过程中功能类似企业间的竞争和不同物流价值链之间的竞争的共生关系。这两种共生关系相互补充，在竞争中提高物流价值链的效率，保持了物流共生体的稳定性和资源配置的最优。

（二）现代物流集群共生关系指标

反映物流集群共生单元关系的指标有共生度、共生系数、共生密度、共生维度、同质度和关联度。

1. 共生度

共生度是指两个共生单元或共生系统之间质参量变化的关联度，它反映两个质参量能量相互影响的程度。假设存在共生单元 A 和 B，它们分别有质参量 Xi 和 Zi，则定义 a 为 A 和 B 的共生度。

2. 共生系数

对物流产业集群而言，物流企业与物流需求的共生度较高。北京是依托主导制造产业的集聚、城市高消费和交通枢纽形成的物流产业集聚，集聚程度较高。

投入产出分析中，影响力系数反映的是国民经济某一部门生产发生变化时引起其他所有产业的生产需求波及程度，感应系数反映的是当国民经济各部门的生产均发生变化时引起某一部门生产发生的变化程度。影响力系数和感应系数的定义正好从不同侧面反映了物流集群共生单元的共生度。

在投入产出分析中，中间需求率是指特定产业对某一产业的中间需求量与该产品的总需求量的比率，中间投入率是指特定产业的中间投入与总投入的比例。物流产业的中间需求率、中间投入率及完全消耗系数从不同的侧面反映了物流产业集群共生单元的共生关系。以北京市 2002 年投入产出表的数据为原始数据，分析北京市物流产业（包括：交通运输业、仓储业、邮电业）与第二、第三产业共生度。

大于国民各部门生产发展对其拉动效应，反映了现代物流产业与国民经济的共生度较高，并且具有主动带动国民经济发展的动力。另外，物流产业的中间需求率和中间投入率均高于 50%，按照钱纳里和渡边的产业分类，北京市物流产业应属于中间产品的产业，对其他产业依赖程度较高。

3. 共生密度

物流集群是为整个国民经济服务的，共生空间较大，与一般产业集群相比，共生密度较低。同时，物流集群不同类共生单元间的共生密度也有较大差距。在集群内传统的功能型物流企业较多，运输、仓储等企业的共生密度较大，稳定性较差；物流集成企业（3PL、4PL 等）、专有资产较高的功能型企业较少，比较稳定，密度相对较小。传统功能型物流企业大量存在及其竞争有助于形成稳定高效的物流价值链，有利于集群的稳定物流共生单元及其指标。

4. 共生维度

共生维度反映共生关系中异类共生单元的多少，关联度描述的是异类共生单元主质参量的比率。共生维度、同质度和关联度三个指标反映了物流集群内的分工程度。由于物流集群对物流网络设施的依赖性和资产专有性高（主要是物流需求的影响）等特点，专业分工较细，共生维度较一般集群要大，关联度高。但是物流集群的共生空间较一般集群大，从而又导致共生维度偏小，关联度较低。

5. 共生增值

共生增值指企业共生过程给共生系统带来的净增量，它是共生体的外部正效应引发共生单元效益的提高，表现为利润的增加、成本的降低、交易费用的减少、创新和学习能力的增强等。它是共生单元、共生关系和共生环境相互作用的效果的体现，也是共生单元主质参量及其指标的函数。

三、现代物流集群的共生环境

物流产业集群的共生环境是指物流共生单元共生关系，即共生模式存在发展的外在条件。共生单元以外所有因素的总和构成共生环境，包括物流企业共生体对应的市场环境和社会环境。具体而言，物流产业集群可能面临三种共生环境，即正向环境，是指对集群形成和发展起到推动作用的环境；中性环境，是指对集群形成和发展起中性作用的环境；反向环境，是指对集群形成和发展起阻挡作用的环境。

共生环境对物流集群的影响作用往往是通过物质、信息和能量交流来实现的。它与共生单元之间的接触方式和机制共同构成共生界面。共生界面是共生单元之间物质、信息和能量传导的媒介、通道或载体，是共生关系形成和发展的基础。在共生关系中，既有无形界面，也有有形界面；既有单介质界面，也有多介质界面；既有单一界面，也有多重界面；既有内生界面，也有外生界面。共生界面具有信息传输功能、物质交流功能、能量传导功能、分工与合作中的中介功能。物流共生体中共生界面主要指物流服务市场及相关市场。

四、现代物流集群的共生原理

共生基本原理是指反映共生系统形成与发展中一些内在的必然联系，是共生系统赖以形成与发展的基本规则，主要有质参量兼容原理、共生能量生成原理、共生界面选择原理和共生进化原理。

1. 质参量兼容原理

共生单元之间只有具备某种内在联系才可能形成共生关系，共生单元之间的这种联系表现为共生单元的质参量之间可以相互表达，这种相互表达的特性称为质参量兼容。质参量兼容与否决定共生关系形成的可能性，质参量兼容方式决定共生模式。在物流产业集群中质参量兼容具体表现为：

（1）产业间供需双赢的质参量兼容；

（2）集群内的集成、整合及分工合作、技术互补的质参量兼容。

物流产业集群的质参量兼容方式主要由物流服务的交易特性，即交易的频率、交易的不确定性和资产的专用性决定。如果偶尔进行交易、交易的风险很大则形成的是点共生关系；如果交易次数较多而且相对稳定形成的是间歇共生关系；如果交易次数频繁，稳定且形成了专用资产则形成了连续共生或一体化共生关系。

物流集群的质参量兼容原理是识别共生关系和决定共生模式的基本依据。遵循这一基本原则，可以识别共生关系，利用原理设计政策引导和加速物流产业集群的演进和升级。

2. 共生能量生成原理

共生过程中产生新能量是共生的重要本质特征之一，它是共生体存在和进化的基础。具体到物流产业集群新能量表现为效率的提高、利润的增加、成本的节约、交易费用的节约、创新和竞争能力的增强、规模的扩大和经营范围拓展等。在共生体中体现为密度和维度的增加。

共生能量是共生体生存和增值能力的具体体现，是共生单元通过共生界面作用所产生的物质成果，是共生体及共生单元的质量提高和数量扩张的前提条件。共生能量由系统质参量的状态及其变化决定，即由共生界面和共生体的共生程度决定。物流产业集群的共生能力取决于物流服务交易的性质，尤其是资产专用性和集成程度，如果交易的资产专有性和集成程度越高，集群共生体共生度、交易深度和广度越强，交易额越大和新的服务形式越多，共生密度和维度就会增加。

物流集群的共生能量生成原理可识别共生体和共生能力最大化的途径，遵循这一原则可以提高物流集群的增值能力和增值空间。

3. 共生界面选择原理

在共生系统中共生界面的选择机制具有十分重要的地位，共生界面选择不仅决定共生单元的数量和质量，而且决定共生能量的生产和再生产方式。共生界面选择包括对象选择和共生能量分配选择。共生界面的选择取决于共生单元间竞争程度和信息的完全程度。物流市场是物流共生体生存的环境，也是物流共生单元选择的主界面，由于信息不对称，共生单元的选择主要是相对选择，即在竞争条件下对有限共生对象的择优，表现为物流需求者的选择和传统物流提供商的集成选择。

物流产业集群的共生能量即增值的生产和再生产取决于增值用途的分配。假设增值用途分为两部分，一部分用于共生单元的数量增值，即规模的扩大；另一部分用于共生单元的功能改进，即质量的提高。为了实现物流共同体的最优发展即增值最大而成本投入最小，需要根据共生环境的信息条件和共生单元的空间布局选择混合的厂和实现物流产业集群的有序竞争，达到物流集群价值链的优化和服务质量的提升目的。

4. 共生进化原理

共生进化是共生企业相互作用所引致的双方性状和功能的改进，是共生系统的本质，对称性互惠共生是共生系统进化的根本法则。如在物流产业集群中的连续共生关系中，a、Pe 反映了共生单元间交易频繁、时间长、资产的专用性高、共生单元的邻近性和战略合作紧密，表现为共生体间物流、信息流和价值链活动更有效率和稳定，促进了物流分工和社会化。物流分工和社会化不仅加深了企业间分工的程度，而且扩大了企业分工的范围，使企业共生体的功能进一步优化，最终使共生企业产生更大的价值，获得更大的发展，加快共同体的演化和创新。

第二节　现代物流与生产和消费的共生模型

现代物流作为现代生产和消费服务的主要形式，通过与物流需求者的分工协作（物流外包）过程形成具有优势互补、互利共存的企业共生体，在政府推动或市场利益驱动过程中逐渐形成了产业集群。在物流产业集群形成的过程中主要受集群内物流企业的个体适应度、物流服务的集成程度与稳定性、所处的市场环境和与物流需求企业的合作关系等因素的影响。为了简化分析物流企业与物流需求企业的共生关系及演进稳定性，假设：

1. 不考虑物流产业集群内功能性物流提供商、不同物流服务供应链之间的竞争；
2. 集群内物流企业恰好能提供物流需求企业的综合物流需求；
3. 物流产业集群内物流企业的发展变化（技术、信息、制度等内外环境的变化）简化为提供物流服务的数量；
4. 物流需求企业的发展变化简化为产品数量的变化；
5. 假定共生体中由两个企业组成：物流企业和物流需求企业（制造企业或商业企业）；
6. 假定两企业的初始产量为 1。

生物学中经常用 Logistic 模型描述一种种群增长的规律，即其增长速度在最初是加快的，当增长到某一定值时，速度开始减慢，直到最后减为零，即停止增长。这一模型也可以用来描述物流产业集群共生企业物流服务增长变化。以 Logistic 模型为基础，结合 Lotka-Volterra 两种群互惠系统模型，构建基于时间和环境的服务数量 / 产品数量变化的物流共生模型。

一、物流产业集群的共生函数

（一）物流产业集群的共生函数模型

物流产业集群的共生函数是物流企业与物流需求企业间的相互作用相互影响力大小的函数关系，是共生系数的函数化。根据现代物流、物流产业集群的特征和物流产业集群的共生进化原理，物流企业与物流需求企业间相互影响力大小取决于它们之间物流服务的交易频率、交易不确定性和资产专用性，因此共生函数的表达式为：

$$k=f（n, r, c）$$

式中 k——共生函数，为交易频率；r——交易的不确定性；c——资产的专用性。

对处于同一共生体中相互作用的企业而言，由于企业自身条件的不同，物流服务交易的不确定性、为此形成的资产专用性、物流服务交易频率对企业自身的影响存在差异，所以相互作用的企业其共生函数的大小不同。即一般情况下，式中 $k_{12} \neq k_{21}$。

根据共生理论，共生函数 k 是交易频率的增函数。交易频率对共生函数的影响主要作用于两个方面：

1. 如果是经常交易，随着交易双方物流服务交易数量的增加，投入增加，加强了企业间的经济、技术的关联；

2. 经常交易，交易双方可以为交易建立一个专门的管理机构，提高交易效率，降低交易费用及相关成本，提高企业的效益，增强了企业间的利润相互依赖性和相互信任。

共生函数 k 是交易不确定性的减函数。根据 O.E. 威廉姆森的交易成本经济学理论，交易的不确定性主要是由交易双方有限理性和信息的不对称及行为的不确定形成的。如果交易的不确定性增加，交易双方为了规避风险，一方面减少交易的次数和交易数额；另一方面将采取其他措施如垂直一体化等，降低交易的风险。这些无疑增加了企业的交易费用及相关的成本，弱化了企业间的经济、技术关联，同时降低了企业间的相互影响力。

共生函数 k 是资产专用性的增函数。资产的专用性指一项资产可调配用于其他用途的程度，或由其他人使用而不损失生产价值的程度。这与经济学的沉没成本概念相关。O.E. 威廉姆森认为资产的专用性可分为五类：

1. 地点的专用性；

2. 有形资产用途的专用性；

3. 以边干边学方式形成的人力资本专用性；

4. 奉献性资产（根据特定客户的紧急要求特意进行的投资）专用性；

5. 品牌资产的专用性。

如某物流企业针对某一特定食品企业的物流需求特性就地点、有形资产、人力资本和奉献性资产进行了投资，形成了冷链运输设备等专用性很强的资产。同时，物流企业为了防止机会主义和资产专用效率的损失，将与食品企业谈判签订长期契约，增加企业间关联的深度和广度，增加企业间的联系。

资产的专用性、交易的不确定性和交易频率对共生函数值的影响受共生体的管理成本和组织影响。如果共生体之间的经济、技术关联交易极其不确定，将形成高度专用的资产，增加共生体的治理成本；又由于有限理性和不完全契约，机会主义将加大交易一方的风险。企业为了规避资产专用性形成机会主义和交易的不确定性，降低管理成本，交易的一方会采取市场以外的组织方式和管理结构，如市场和科层的混合管理体制、科层管理体制等。共生函数的值只存在于市场和混合模式中。

（二）物流产业集群的共生函数分类

根据共生函数取值不同可将共生模型分为无关（中性）、偏利和互惠共生。当 k_{12}=0 和 k_{21}=0 时，物流企业与制造企业的产量增长相互独立，不存在共生关系。企业的增长路径符合 Logistic 模型，并在达到极限产量时实现稳定均衡状态（指一段时间和企业生存域内，在给定技术、市场和生产要素约束条件下，物流企业和制造企业的极限物流服务提供量或产品产量，即最大产量）。

当 $k_{12} \neq 0$ 和 k_{21}=0 时，表示制造企业对物流企业为互惠共生，即物流企业和制造企业在相互作用过程中实现双赢的一种共生关系。

二、物流企业与制造企业的偏利共生模型

如果物流企业与制造企业具有偏利共生关系，此时：

$$\left\{ \begin{array}{l} \dfrac{dL(t)}{dt} = L(t)\,r_1(t)\,[1 - \dfrac{L(t)}{k_1(t)} + k_{12}(t)\,P(t)] \\ \dfrac{dP(t)}{dt} = P(t)\,r_2(t)\,[1 - \dfrac{P(t)}{k_1(t)} \end{array} \right\}$$

根据经济学最大化原理求解得到 $\dfrac{dL(t)}{dt}$ =0，$\dfrac{dP(t)}{dt}$ =0，即共生体的稳定均衡状态；在均衡点物流企业的物流服务的提供量为 $k_1(1+k_{12}k_2)$，制造企业的产量为 k_2。结合 Logistic 模型，可以看出 $k_1(1+k_{12}k_2)$ 是共生体的渐进稳定的解，物流企业和制造企业最终在点 $[k_1(1+k_{12}k_2)，k_2]$ 形成稳定的共生均衡。物流企业物流服务提供能力高于偏利共生前独立运作的产量，即物流企业通过制造企业稳定的物流服务需求、技术、

管理等大力支持不断扩大生产，提高物流服务提供能力，增加了共生体的福利，实现了帕累托改进和优化。

第三节　现代物流产业集群与区位的共生关系研究

现代物流产业集群与其他产业集群不同，它是以交通枢纽为基础，依托运输线路和物流节点组成物流网络谋求物流过程的高效率、协调性、增值和总体经济性。通过网络优化和网络的区位优势，实现降低物流服务的交易费用、降低运输费用、提高服务效率及获得集聚优势。我国物流产业集聚具有明显的交通枢纽、制造、消费、外向经济指向性；运输枢纽的分布、自然资源地理分布和外部效应对区域性物流产业分工布局有着明显的作用。

我国东部沿海基本上是以依托主导产业的集聚、高城市消费及交通枢纽与进出口港口形成的物流分工格局。

一、现代物流产业集群的区位因子

物流产业集群区位的选择是由现代物流对物流网络的依赖性和现代物流的派生性特点决定的，一方面，物流产业集群区位的选择通过对物流提供能力增长的影响，进而对竞争优势产生影响；另一方面，物流产业集群的在某一特定区域的发展，将强化、优化"区位因子"与加速空间组织的变迁，强化物流产业集聚和经济集聚的优势。

（一）信息时代的物流产业集群区位因子

现代物流是工业化比较发达阶段的产物，它是以信息革命为核心的新技术革命的兴起，催生知识经济时代和加速经济全球化发展，引起产业结构全方位变革过程中物流分工和专业化发展的结果。因此，现代物流产业集群发展模式之一的现代物流园区，在选择区位时除考虑一般区位因子的影响，还要考虑物流产业自身的特性、信息技术等因素对区位选择的影响。

区位因子是地理经济学的基本概念，它指影响物流服务主体在某一特定地点所进行时得到利益（费用的节约）和获得的竞争优势的分布原因，具体包括传统物流产业集群区位因素和信息时代的物流区位因素。

1.物流产业集群的传统区位因子分析

（1）自然因素，包括地理位置、气候、自然条件和自然资源。

　　自然因素是一个区域存在的基础，尤其对交通枢纽及物流网络的构建具有举足轻重的影响，比如港口的选址。自然资源的分布对物流服务能力及物流服务需求的影响较大，自然资源丰富及人口聚集地的地区物流产业发展相对较快。

　　（2）经济因素，对物流产业集群的区位形成与发展起着至关重要的作用。

　　①传统生产要素的影响。

　　传统经济增长理论认为资本、土地、劳动力是重要的生产要素。在西方经典的区位理论中，这些因素被重点研究。现代物流产业既具有规模经济和范围经济的特征，又具有高知识、高技术和高人力资本含量的特征。这就要求物流企业选址时应考虑土地的价格、位置、资本密度与结构及劳动力的工资等因素，因为这将直接影响企业的物流成本及服务质量。

　　②经济外部性的影响。

　　物流是一种派生需求，它的发展依赖于物流服务需求的发展。所以物流产业集群的区位选择时应考虑物流的派生、集成和现代性的特点，即主要考虑通过区位的选择获得以下竞争优势：

　　a. 为物流专业技术工人提供了一个公共市场，有利于劳动力共享；

　　b. 促进了专业化供应队伍形成，尤其是供应不可贸易的特殊投入品（隐性知识、文化的植根性等）队伍；

　　c. 独特的非正式信息扩散方式有助于知识外溢；

　　d. 靠近主要和潜在的物流需求者，减少时间和空间的差异形成的物流摩擦（如距离衰减规律），加强企业间和产业间的交流与合作，实现物流服务的创新和增值。

　　2. 交通及交通枢纽和物流相关基础设施

　　在工业化和信息化的时代，区域内经济主体之间以交通联系为纽带的物流活动是存在时空差异的社会经济活动的联系的主要方式。交通和交通枢纽及基础设施是现代物流企业存在的物质基础。不同物流产业集群的空间结构、区域经济点空间结构的形成，在很大程度上与区域交通网络和枢纽分布密切相关：公路、铁路、航空、水路的状况往往决定了该区位的性质、功能及区位内的空间格局，同时也影响着与外部区域的联系；良好的通达性，有利于物流企业拓展客户群，优化运输线路，提高运输效率及服务水平；多类型的交通枢纽的集中，有利于实现多式联运，提高物流运作效率，拓展业务范围。

　　交通网络和交通枢纽的物质载体是基础设施，基础设施尤其是以交通设施为主的物流基础设施，在宏观和微观层面直接影响着物流产业集群、物流需求者的空间结构。在宏观层面，物流设施决定着物流需求企业的分布和物流企业的选址，以及物流的整合能力、整合范围；在微观层面，物流基础设施是决定城市结构的主要因素，城市的发展伴随着物流基础设施及其相关服务与技术的变化。

交通网络、交通枢纽、物流设施的空间布局及区域内外的可达性，反映了区域的交通状况，决定了生产要素、产品及服务流动的速度和交换范围，为物流产业集群的空间组织形成和发展打下了重要的物质基础。

3. 文化及其他因素

特定区域的文化、社会关系、制度规范、知识基础与地理条件的结合构成了物流产业集群生存和发展的社会文化环境，在产业集群理论中，集群对上述社会文化环境的依赖关系称为集群的植根性。共同的制度和文化增加了企业之间交流的社会性和开放性，增加了学习的途径和隐性知识的传播，增强了企业之间的信任和协作，减少了机会主义的产生，增加了区域公共共享知识，有助于集体效率的形成、经济效率的提高和创新。

4. 信息时代的物流产业集群的区位因子

信息时代以全球化、技术变革迅速、获得知识和维持竞争优势的重要性为特征。传统物流区位理论和相互作用形式在信息、知识和技术的影响下也发生了根本性的变化。

（1）信息技术和信息

信息技术和信息是现代物流的主要特征和灵魂，是物流技术和现代技术发展和创新的支撑，是物流产业集群区位选择和演变的主要因素。信息技术和信息对物流产业集群区位选择的影响并依赖于物流相关的产业、组织或基础设施。

①信息技术在制造过程中的应用，改变了传统的生产方式和目标，突出了时间和空间管理的重要性，增加对生产性服务——现代物流，和企业邻近性与集聚的需求；

②信息技术应用于物流设施和物流网络管理，提高了物流企业的效率和管理水平，增进了物流资源的空间机动性和流动性；

③信息技术的应用带来了新的物流组织和空间结构形式，比如虚拟物流企业、物流战略联盟，使得物流与信息技术结合的效用迅速发挥，为定制化物流服务、物流外包、第三方物流和基于时间的物流管理奠定了基础；

④互联网、信息高速公路等信息设施的出现和发展，改变了物流基础设施的空间拓扑结构，拓展了物流网络的范围、物流网络的柔性及区域间的互动性，进而影响了物流企业和物流产业集群的空间形态和运行；

⑤信息技术拓展了物流新的空间需求，提高了物流网络化程度，形成了网络状的信息扩散模式，网络化的信息扩散模式则势必带来物流产业空间形态的变化；

⑥信息是市场运行的重要要素之一，也是影响交易费用的重要因素。

信息时代，物流的供求双方能否接近并获取多样化的信息、信息获取的便捷性和及时性成为物流空间区位决策重要因素。阎小培等研究了我国信息地区差异和信息技术设施分布不均衡情况，认为信息流、信息源和从事信息人员仍集中在城市。信息的集中性导致了物流企业向特定空间集中，基于信息的物流产业集聚正在形成。物流园区主要集中在信息相对集中的东南沿海地区，并主要邻近与直辖市和省会等信息源和信息流集中的大中城市。

（2）知识因素

21世纪，经济发展中非物质和智力投资与传统物质生产要素的投资相比增加很快，经济的发展和企业竞争优势的获得主要依靠智力，应用知识进行创新成为经济活动的核心。萨尔坦·科马力认为传统的生产要素——土地、劳动、资本和企业家才能正在被新的生产要素——核心能力、客户和知识所取代。知识及知识源对区位的贡献正逐渐增大，社会知识存量的急剧变动使得知识成为物流企业存在的必要条件。对现代物流而言，知识是物流服务创新和取得竞争优势的根本动力，知识和信息的集中成为物流企业和物流产业集群的区位选择的重要因素。知识作为一种生产要素和稀缺资源，其生产、分配、交换和消费四个环节紧密相连，共同影响着物流区位的选择。知识的生产机构、知识传播机构和渠道，决定了物流知识的空间分布，影响了传统生产要素的空间布局。知识的消费对区域人力资本的形成具有至关重要的作用，它是物流产业发展的根本。

知识的分配机制和终身学习机制决定着知识的空间流动性，影响了物流区位的选择和相关生产要素的空间结构与作用形式。

（3）创新因素

随着信息和知识经济的到来，创新正成为经济活动的核心，成为影响企业成长、区位选择和空间组织的重要因素。创新是特定区域技术、社会、文化、制度等因素综合互动的社会现象。社会实践表明，创新是以区域块的形式出现的，如美国的硅谷和中国的中关村，地理邻近性和功能的互动性是这些区域企业分工协作和创新的主要影响因素。对物流产业集群而言，创新源、联系通道、创新扩散空间是影响其区位选择的创新因素。创新源即创新主体的分布，创新扩散空间反映了创新的区位和辐射地域范围，它们共同影响着物流企业的区位选择和相关生产要素的流动，进而影响物流企业的空间格局。

（4）技术因素

就物流产业集群而言，技术对物流区位选择的影响主要体现在三个方面。

①物流技术研发和技术创新因素如技术创新源、联系通道、技术扩散空间对物流企业区位的影响；

②技术进步对物流需求企业——制造业和商业企业经济利益获取方式、生产方式、

成本约束和管理理念的改变突破，改变了企业区位利润和空间布局，增加了对生产性服务——现代物流的需求，影响了物流区位的选择；

③技术变迁引起了供应链结构的变化、信息与知识空间分布的变化，增加了物流企业间、物流企业和物流需求企业间功能互动，增强了物流企业与主要物流需求客户邻近性空间布局的要求，供应链的复杂程度和企业间功能之间的互动进一步影响了物流企业区位的选择。

5. 信息时代传统区位因子的变化

（1）信息时代自然因素的变化

随着工业经济向信息和知识经济转变，自然环境和自然资源对于经济发展的内涵和作用发生了变化。现代物流产生于工业化比较发达的阶段，主要依托发达的信息技术和现代管理理念发展起来，是知识和技术相对密集的一种服务活动；是信息技术和市场竞争条件下，企业或传统物流企业"演进"和社会分工在现阶段进一步深化的结果。

现代物流与传统物流相比以信息和知识资源为基础，强调对资源的可持续利用和开发，强调"天、地、人"的和谐发展，强调绿色、生态的价值。

信息时代自然因素的重要程度有所下降，但自然资源和自然环境的生态价值是企业空间和人才集聚的重要影响因素。

（2）经济因素的变化

信息时代，在全球化、知识化的发展日益重要的背景下，传统生产要素——土地、资本、劳动和企业家才能的内涵发生了变化。比如，资本的流动性增强，影响了其他要素的空间分布；信息产业技术的发展，传统产业的重构及其与信息技术的融合，劳动力的需求结构和需求数量发生了根本性变革，人力资本成为企业获取竞争优势的基础，所以完善的地方性劳动力市场，大量与多样性的合格劳动力是企业区位决策的重要因素。

（3）交通和物流基础设施的变化

信息技术的发展为交通技术和物流方式带来革命性的变革。

①增强了劳动、资本的流动性增大了要素的搜寻范围，拓展了市场范围；

②信息技术与交通相融合产生了新的交通技术，如智能交通系统的形成和发展；

③信息技术在交通领域的应用，促进了航空、高速铁路、动力车组等新的交通方式和综合运输方式的发展；

④信息技术的发展增强了交通网络和物流网络的节点弹性、连接弹性和时间弹性等网络弹性，直接影响了物流企业的空间结构。

总之，信息技术在交通领域的应用推动着交通和物流向高速、灵活、弹性和网络化方向发展，增强了生产要素的空间流动性。

（二）物流产业集群区位优势模型

1.物流产业集群区位竞争优势分析

依据波特的产业集群理论和竞争经济学，产业集群的作用可以从区位对竞争、竞争优势的诸多影响中凸显出来。区位的选择会对物流产业集群中企业的物流服务提供能力，特别是对物流服务能力的成长产生影响，进而影响物流产业集群优势。物流企业服务提供能力主要取决于企业的经营与战略的精益性及微观的经营环境质量。物流企业精益性和物流服务提供能力受企业选择区位经营活动环境质量的强烈制约，而区位经营活动环境质量取决区位因子的情况。区位因子在物流产业集群中起决定性作用，通常反映集群的特性，如特定的服务对象、特定的物流技术、专业化的劳动市场、历史文化等。

位于高质量区位的物流产业集群中的物流企业，在企业运营和战略方面更有可能获得竞争优势。

物流产业集群区位选择对物流企业的物流服务提供能力及其增长的影响是多方面的和复杂的，波特在《国家竞争优势》中采用钻石模型分析了国家竞争优势的关键要素及其相互作用。

物流产业集群与区位的关系，通过集群和区位及其结合的方式，影响集群企业的竞争和竞争优势。

（1）物流企业通过选择区位进行集聚提高了物流服务提供能力。通过区位选择和集聚，物流企业获得了专业化的投入和专业物流人才，有利于实现范围经济和规模经济，有利于获取信息和知识，增强了物流企业之间的互补性和集结投入优势，降低了公共物品和准公共物品等的投入，促进了资源和信息在内部的高效流动，提高了物流企业物流服务的提供能力。

（2）物流企业通过区位选择进行集聚提高了企业的创新能力。地理的邻近性利于发现新的客户需求，拥有更多的客户信息与知识，利于学习到先进的物流技术、服务形式和经营理念，增强了企业的创新能力。区位环境的相似性，物流价值链的竞争压力和持续不断比照的压力，增强了物流企业的创新动力。

（3）物流企业通过选择区位进行经济集聚利于新的组织的形成。地理的邻近性增加了企业间的联系，降低交易费用，增强了企业间的信任，降低了机会主义，增强了企业间的分工协作，改正了传统企业激励不当的问题，利于组织的创新。

物流产业集群通过区位的选择实现了地理邻近性效用递增，提高了物流企业潜在物流提供能力。

2. 物流产业集群对区位因子的影响分析

现代物流产业集群通过区位的选择，提高了物流企业的竞争优势，增加了物流服务提供潜力和规模。物流企业和物流产业集群的发展进一步促进了区域经济的发展，优化了区位因子或集聚因素，赋予了区位因子新的含义，巩固和增强了集群的集聚优势，强化了企业的竞争优势。因此，分析物流产业集群对区位因子的影响，有助于正确理解区位与产业集聚、竞争优势的关系。

（1）现代物流成本取代了运输成本，突出了时间的作用，拓展了运输的范围。

运输和运输费用是区位理论分析的重要对象，例如，Marshall Wood 的运输便利，Weber 的运输成本因素，克鲁格曼的运输成本降低，以及波特的相关企业和机构（其中包含运输商）等。

现代物流将传统物流服务的集成和分散物流资源整合，实现了系统成本优化和服务增值，拓展了传统运输成本的距离衰减规律，影响了生产要素、产品以及服务流动的速度和交换的范围。

现代物流成本在运输成本上追加了仓储、包装、加工等物流环节的成本，同时将时间视为与物流成本同等重要的约束因素，从根本上拓展了传统区位理论分析的运输成本的范围，突破了"孤立纯生产"的前提假设，将区位分析扩展到信息时代的"网络化生产"和中间组织的范畴，赋予了区位交通因子新的内涵。

（2）现代物流促进了供应链和制造企业流程优化，促进了生产方式的变革和空间组织的变迁，改善了产业集聚因素。现代物流是工业化比较发达阶段的产物，它是企业应对信息革命为核心的技术变迁和消费结构变动的产物。

技术的变迁改变了企业的交易行为、生产模式、技术创新方式，促进了买方市场形成及消费的个性化、多样性与不确定性发展，催生了基于时间和快速响应市场的生产模式，促进了传统物流产业或新的现代化、专业化物流的发展（如 3PL）。而现代物流的发展和创新，首先参与了以制造企业为核心的供应链或价值链的重塑，为企业组织变迁、流程再造创造了条件；其次增强了企业间的网络化关联，拓展了企业的获利空间，成为企业重要利润来源；最后强化了企业技术创新和研发方式以及技术扩散形式。根据波特的价值链、集群和核心竞争理论，现代物流已经成为企业价值链不可或缺的部分。

物流专业化是社会分工深化的结果，是企业专业化的基础和拓展，改变了企业区位利益转移方式，影响了企业的空间布局。

因此，现代物流企业的集聚是产业集聚的重要前提。

（3）现代物流发展促进了交易费用的节约，拓展了市场。

①现代物流的特征之一是集成两种以上的传统物流功能，整合分散的物流资源。

集成的经济学本质是通过物流集成商将分散的物流交易集成,形成新的物流服务形式。相比传统的物流与客户之间直接交易,减少了交易次数,提高了交易集成者的信息和知识优势,提高了物流交易的信誉,减少了机会主义的产生,实现了交易费用的节约和交易效率的提高。

②物流企业间共同治理降低了物流成本和交易风险,增加了交易的获利范围。现代物流的发展促进了物流外包的发展,物流交易量、规模不断扩大,物流资产的专用程度提高,增加了交易的风险和机会主义的产生,为了规避风险,物流供需双方采取了物流联盟、战略合作伙伴等多种中间组织形态,实行共同管理。

③现代物流发展促进了企业内部、企业间的分工和专业化生产,延长了产品价值链,增加了企业间的交易频率和知识的交流,增强了企业地理邻近的需求。

④现代物流与信息和交通技术的结合,拓展了企业交易和搜寻生产要素的范围,有效降低了生产成本和物流成本。Edward Feser 认为分工、交易是产业集群的核心,依托市场的多样性需求,产业集群通过内部成员间及成员与集群外部的交易,使产业内(间)分工细化与知识的溢出相得益彰,推动技术的扩散与创新,促进产业的升级和区域经济的发展。

因此,现代物流的发展提高了交易效率,促进了企业分工,成为产业集聚的重要影响综合因素。

(4)政府对现代物流产业的扶持政策形成了产业集聚路径依赖。

制度学派认为,一个行业若要快速发展,不仅需要快速、稳定增长的市场需求来拉动和刺激,还要具备有效率的市场交易制度和高效益的市场交易活动。德国不来梅物流园区和日本和平岛流通基地的形成和发展有效推动了本地产业集聚形态和方式的变革。

我国现代物流起步较晚,物流市场交易制度和产业政策环境不完善,客观上需要政府研究和制定推动现代物流发展的一系列政策,利用后发优势,促进物流业的发展,促进区域物流产业集聚的发展,改善区域产业环境、制度环境和基础条件,提升产业集聚的水平和方式。

二、物流产业集群区位经济学模型

为了分析和建模的方便,根据现代物流的特性将物流产业集群区位因子分为向心力因子和离心力因子。

向心力指促进物流活动空间集中的因素影响力,离心力指与集中背道而驰的因素的影响力。向心力因子主要包括关联效应、厚实的市场、知识溢出、信任和协作、创新环境和地理邻近引起的收益递增及其他外部经济。离心力因子包括不可流动的基础设施与生产要素、土地租金/物流成本、交通拥塞和其他外部不经济。在物流产业集群的区位因子中许多因子具有双重性，如规模经济和范围经济。

物流产业集群的形成和发展取决于向心力和离心力之间的平衡，向心力解释了物流产业集群活动空间为什么集中和得以维持，离心力解释了物流产业集群在什么条件下会不稳定甚至解体。下面我们采用新兴古典交易效率理论分析物流产业集聚现象，利用市场潜力模型分析交通枢纽对潜在市场的影响及区位模型。

（一）基于交易效率的物流产业地理集聚分析

1. 现代物流对交易效率的影响

交易效率最先由经济学家杨小凯于 1988 年提出。假若一个人购买 1 单位商品时，实际只能得到 k 单位商品，那么这些单位可称为交易成本，即该笔交易的交易效率。交易效率的改进与一个代表人口密度、制度环境和运输条件的参数变化有关。影响交易效率的因素主要有交易的地理区域集中程度、市场化程度和制度创新。地理上的集中交易可以极大地节约因交易空间分散而产生的外生交易费用（如运输外用），还可以通过节约信息搜寻费用等方式降低内生交易费用从而提高交易效率，促进分工水平的提高。制度创新可以在大范围内极大地降低不确定性与风险所形成的内生交易费用，并为技术创新提供激励，提高交易效率、交易技术的创新。交易技术的创新可以降低产权界定成本，节约内生交易费用，改善交易效率，促进分工与专业化的发展。

现代物流的发展不仅节省了交易费用，而且增强了分工网络的正效应，提高了交易效率；交易效率的提高进一步促进了专业化分工，提高了交易费用节省的潜力。

2. 基于交易效率的物流产业地理集聚分析

集聚经济是由分工网络的效应与交易效率在地理上的集中效应之间相互作用产生的，即经济组织的拓扑性质与资源配置模式相互依赖，取决于组织的地理模式。为了简化和抽象，做以下假设：

（1）假设物流需求企业完全采取物流外包，物流企业能为其提供所需的综合物流服务；同时，由于物流企业的需求不同，所需的物流服务不同，将不同的物流服务视为不同的贸易产品。

（2）交易成本独立与物流服务的数量。

（3）物流交易费用是从事交易人旅行距离的函数，即物流交易中存在报酬递增。

（4）假设存在两种交易模式分散和集中，分散模式下在企业距离的中点交易。

通过交易效率的物流交易模式的经济学分析可以得出：

（1）物流交易的地理集中模式取决于物流专业分工水平。随物流服务种类的增加，物流交易规模和次数增加；分散交易模式的交易成本（距离）高于集中交易模式，交易效率低于集中交易模式。这是由于集中交易产生了信息和知识优势，增加了信任，扩大了交易规模，降低了学习成本，促进了物流交易中间层的产生、物流社会分工和物流服务集成（集成程度不同导致了物流服务的多样性）的发展。物流专业分工水平和物流交易的地理集中关系与物流的信息化、网络化和专业化发展趋势相吻合。

（2）物流产业集聚首先从事物流交易的中介机构的地理集中。从全国物流园区发展调查报告中可以看出，物流园区入驻的企业物流交易中介超过26%。在德国入驻物流园区的企业中除了传统的物流企业外，还有大量规模大的货运代理和联运公司。

（3）物流交易模式的地理集中取决于物流需求者的交易规模和交易次数。根据威廉姆森的交易成本理论，交易成本是交易频率的函数。物流交易频率高，物流交易的相似性高，物流供需的地理的集中，有助于提高交易双方的信息和知识优势，降低学习成本。同时，由于循环累积效应，物流交易模式的集中为物流企业提供了巨大的本地市场，能吸引新的行业和企业进入，进一步扩大了本地市场，如此循环往复促进了交易的进一步集中。例如，苏州园区的物流企业与高科技企业的共生关系及产业集群与物流企业的共生模式。现代物流园区的服务辐射范围的扩大和客户的广泛性，增加了物流交易的规模，提高了交易频率，促进了物流交易地理的集中。

（4）物流服务集成程度，即物流服务供应链的长度和交易次数是物流交易地理集中的主要因素。现代物流的特点和实践决定了物流服务的形成是两阶段交易的结果：一是物流集成商与需求者之间的交易，二是物流集成商与传统物流功能提供商之间的交易。物流集成交易的效率同样取决于物流分工水平和交易地理模式，即物流企业间的交易效率和成本是物流产业集聚的重要原因之一。德国物流园区的发展实践，园区物流企业间的合作形成了物流园区多元化服务功能，加上海关、金融、保险等公共服务功能，使物流园区能够为"物"的流动提供多样化的服务，有效提高了交易效率，促进了集中模式的发展。

（二）交通枢纽对物流市场潜力函数的影响

交通枢纽是区域统一交通运输大系统的一部分，它决定着运输网相邻路径的特点，是由若干种运输方式（其中不少于两种）所连接的固定设备和移动设备组成的一个整体，共同完成货物及旅客运输中转作业。从我国和世界物流发展的实践可以发现，物流企业大多数向以交通枢纽为核心的区域集中，一方面，体现了物流服务的实现对交通网络依赖。交通枢纽良好的通达行和连接度，优化了物流网络，降低了物流成本，提高了物流效率。物流企业间的集中，降低了物流交易的成本，提高了物流企业间交易的效率，降低了物流服务集成的交易成本，促进了物流专业化的发展（物流服务的种类增加）。另一方面，传统区位理论和地理经济学证明了交通枢纽与城市发展、生产基地、消费中心融合一体化趋势，这种融合趋势提高了物流服务的范围和客户的广泛性，降低了物流企业获取公共基础设施和信息设施的成本，提高了物流市场需求潜力。

物流需求的潜力增大和物流服务集成成本降低，提高了物流企业的利润。地理经济学家用市场潜力函数刻画不同地区邻近优势，分析了区位、市场潜力和企业利润之间的关系。他们认为，在技术一定的情况下，企业利润是其所选择区位的市场潜力增函数，企业将向市场潜力较大的地区集中；反之，企业的集中又提高了这些地区的市场潜力。

通过市场潜力的敏感分析可以得出四个结论。

①物流市场潜力取决于物流交易效率高低。低效率的物流交易降低了物流潜在需求，增加了自营物流，阻碍了物流外包的发展。

②物流市场潜力取决于物流分工水平和社会分工水平。社会分工的发展增加了中间产品的交易，增强了生产性物流的需求，促进了物流的分工，拓展了物流服务的广度和深度，增加了潜在的物流需求。

③物流市场潜力取决于物流网络化程度，尤其是重要交通枢纽。交通枢纽降低了物流成本，提高了交易效率，促进了新企业的进入和生产要素的流动，累积了效应，增加了市场需求，诱发了物流企业的集聚。

④在物流成本高时，交易效率、物流需求、物流分工水平、物流网络化程度对物流市场潜在需求影响明显；在物流成本高条件下，节省交易费用的制度安排、空间交易模式、物流服务的创新、基础设施改善是提高市场潜力主要措施，也是诱发集聚的主要因素。这与我国以政府为主导的促进现代物流发展的战略和措施及物流界提出的宏观政策相吻合。

第四节　现代物流集群纵向共生关系——集成模型

一、基于范围经济的现代物流服务集成的解释

从世界生产发展实践和消费趋势来看，现代物流与物流需求企业共生程度增加导致现代物流企业资产专有性增强，多样化的物流作业和交通设施投资大。如不来梅物流园区内专门为大型销售企业 Tschibo 服务的配送仓库负责接受 Tschibo 从不同供应商订购的商品入库、分类上架按照 Tschibo 客户订单，选货包装、出库发送。所有活动

在信息系统和自动化设备支持下采用流水作业；多尔鹏物流园区内的纸张再加工仓库，它是专门为 Nordland paper 大型造纸厂服务的，仓库的建筑设计、纸张切割流水线的设备购置及仓库管理信息系统的开发，完全按照客户的需求提供量体裁衣的增值服务，仓库内为造纸厂进行纸张切割、包装。

从世界现代物流发展实践来看，现代物流发展依赖知识和信息要素的投入、物流基础设施网络的完善与优化、物流服务价值链的长度和特制性。所以，面对定制的一体化物流需求，需要多种物流及相关服务资源的整合和物流功能的集成，需要专用性很强的物流资产和巨额投资。仅靠单个物流企业难以完成，需要多个物流企业共同合作才能完成。为了节约成本，提高物流企业间的知识和信息的交流和降低机会主义的存在，物流企业往往选择集群的形式或聚集在物流需求规模大且集中的区域及物流设施集中的区域，获取地理邻近的收益和公共物品成本，形成共同投入，尤其是信息和知识共同投入。知识和信息是生产性服务生产和销售的最重要的投入，共享共同投入，保持了知识、信息的高速流动，促进了物流及相关服务如金融、海关、信息服务等集中。共同投入和企业地理的邻近性是实现物流企业的范围经济和规模经济的重要因素。

（一）两种物流服务的提供——范围经济

为了便于分析物流的范围经济，根据经济学的生产和成本理论做以下假设：

1. 有两个物流企业 A 和 B，每个企业可以提供两种功能性物流服务 1 和 2；
2. 物流服务提供能力存在规模报酬不变；
3. 两个企业要素边际报酬处于递减状态。

（二）范围经济与物流企业组织的选择影响

对现代物流来说，共同投入的形成和使用可能是促进和规模经济的最重要的因素之一。信息和知识是生产性服务生产和销售的最重要的共同投入。共享共同投入，保持了知识、信息的高速流动，促进了物流及相关服务如金融、海关、信息服务等集中。范围经济是企业组织成本的一个重要因素，由企业与上下游企业的整合程度决定，决定着公司的组织类型。组织成本包括协调成本和交易成本，其中前者随着企业对上下游的整合程度提高即垂直一体化的加深而增加，后者随着垂直一体化的程度减弱而增加，从而带来市场上交易的增加。不同的市场条件导致不同的战略选择，主要包括三种战略：获得更低交易成本的垂直一体化，获得更低协调成本的中小企业网络，不受范围经济影响的独立小企业。

从现代物流的特点和我国物流发展的实践来看，我国物流企业"小、散、低、乱"。"小"是指规模小；"散"是指分散，集中度低，区域与行业发展不平衡；"低"是指一体化服务的能力低，运作水平低；"乱"是指物流市场不规范，有些混乱。据 2006 年调查，我国国有与民营物流企业的客户满意度分别比外资物流企业低 0.35% 和 0.24%。综上所述，我国物流企业功能集成和资源整合程度较低，阻碍了现代物流的发展。而通过物流企业集聚，共享共同投入和公共物品，组成物流企业网络，降低企业间的协调成本和集成成本，实现范围经济和规模经济，提高企业的利润。所以，共享共同投入和公共物品是物流企业获得范围经济的重要途径。

前面针对物流企业合作的范围经济的分析，同样适用于物流与其他产业共生的分析，物流需求企业为了适应生产的定制化和速度化，可以利用范围经济实现物流服务的联合采购、功能互补，降低采购成本，提高采购效率。

二、基于物流集成的现代物流集群形成研究

物流服务的集成和资源的整合及物流组织间的协同，是现代物流管理的发展趋势和物流产业进入高级和成熟阶段的标志，是适应现代生产方式的变革和消费水平不断提高及内涵变化的结果。现代物流是以速度和效率为核心内容，借助于现代信息技术和知识优势，力求在成本、效益、服务质量、时间、距离上达到完美结合的现代商品流通形式。现代物流集成是物流企业获取速度、效率竞争优势的重要途径和物流创新的重要内容，是物流企业间合作的组织形式，集成服务形成就是物流企业的集聚过程。

（一）现代物流集成发展的原因和基础

1. 生产方式的变革是物流集成的根本动力

新经济的变革、顾客消费需求的多样性和个性化、市场竞争的加剧及企业内外部环境的变化给企业带来了很多的不确定性，同时也对企业提出了新的、更为严峻的挑战，企业需要采用先进的制造技术和管理方法，不断地探索降低费用、增加利润的有效途径，才能使企业保持持续的竞争优势。同时，企业生产方式的变革对物流提出了更高的要求：

（1）生产的全球化。作为全球化的生产企业，在世界范围内寻找原材料、零部件来源，要求能够选择一个适应全球分销的物流中心及关键供应物资的集散仓库，用当地现有的物流网络获得廉价原材料及高效的新产品分配物流服务系统。

（2）市场响应速度的追求。新经济时代是个瞬息万变的时代，各种新技术、新产品层出不穷，更新换代周期日渐缩短，市场需求越来越复杂和动荡，变化频率不断加快。随着产品更新换代的加快，速度正在逐步取代成本和价格成为企业争夺市场的重要手段，成为"涵盖全体的首要经营目标"。市场响应速度要求企业有能力比竞争对手用更短的时间开发出新的产品和服务，用更短的时间提供产品和服务。市场响应速度要

求企业减少一切非价值创造的过程，如订货周期、研发周期等。当前美国全部生产过程只有 5% 的时间用于加工制造，95% 的时间都用在搬运、储存等物流过程，在这种情况下，企业将主要力量花在降低加工劳动成本上是不得要领的，明智而有效的办法是改善物流。因此，加快物流速度是实现企业市场响应速度效应的最有效途径之一。利用现代物流的理念，从系统和物流价值链的角度分析物流的时间价值，对物流流程进行整合和集成，是提高物流企业内部和组织间的物流协同效应，提高企业的物流效率，实现速度经济的核心。

（3）新生产模式和核心竞争能力。随买方市场的形成、客户需求多样化和个性化的发展、市场不确定的增加，传统的企业管理模式（如福特生产模式）制约了企业对需求变化的响应，企业为了摆脱传统生产方式和管理方式的束缚和获取竞争优势，纷纷采用新的生产模式如定制生产、JIT、LP、FMS、AM、MPR、ERP 等，新的生产方式改变了库存、订货、预测、运输和物流体系等传统理念，促进了物流外包、专业物流企业等现代物流形式的发展，也促进了物流集成和一体化物流服务的发展。

（4）第三利润源泉。随着科学技术进步的发展和扩展，生产效率达到了峰值，通过提高生产率大幅度的提高，节省成本变得愈加困难，因为生产中的"油水"已几乎被榨干。物流模式的创新成为企业获得成本竞争优势和节约交易费用的新的制度安排。

现代生产方式的变革促进了现代物流发展，也促进了物流集成和一体化物流服务的发展。

2. 消费水平的提高对物流服务提出了更高的要求

市场激烈竞争的结果使得许多商品或服务，在品质和价格方面的区别越来越小，即商品的同质化倾向越来越强。这种同质化的结果，使得商品品质不再是顾客消费选择的主要标准，顾客越来越看中企业能否满足他的个性化需求和能否为他提供高质量与及时的服务。即消费者对时间方面的要求越来越高，对产品和服务的期望越来越高。物流实践表明，物流服务水平实际上已成为企业实力的一种体现，其高低会制约企业的顾客服务水平。帮助企业提高顾客服务水平和质量，提高顾客满意度是现代物流企业所追求的根本目标，具体体现在以下方面：

（1）能利用物流企业的信息网络和结点网络，加快对顾客需求的反应能力，加快订单处理，缩短从定货到交货的时间，进行门对门的运输，实现货物的快速交付，提高顾客满意度。

（2）通过其先进的信息和通信技术可加强对在途货物的监控，及时发现、处理配送过程中的意外事故，保证定货及时、安全送达目的地，尽可能实现对顾客的承诺。

（3）承担企业的售后服务，退货处理、废品回收等各项逆向物流活动，以保证企业能为顾客提供稳定、可靠的高水平服务。

实现这些目标，仅靠传统物流服务难以实现，需要物流服务的集成和资源的整合，以及物流增值活动的创新，消费者消费水平的变动促进了物流集成的发展和实践。

3. 物流业自身的特点要求发展物流集成

现代物流是基础产业，它是其他产业发展的基础和支撑。

从产业链的角度来看，随着社会分工的不断发展和产业链的不断延长，物流活动分散于产品和服务价值链的各个环节，分散于生产、流通、交换和消费等环节。从物流组织和管理的角度来看，物流活动管理分散于企业内部不同的部门，物流流程割裂为几段，各自分段管理，缺乏有效的集成和整合。

从物流产业构成角度来看，传统物流管理模式中，上下游企业的物流相互分离，企业间物流资源分散和物流活动的衔接较差。

从物流要素的特性来看，由于物流流动性、结合性和吸附性，形成了物流要素的空间扩散性。

从物流资源来看，物流设施空间分布分散，形成了以物流设施为依托的物流作业的分散性。分散的物流活动和管理方式严重制约了现代物流的发展，阻碍了物流系统效率的提高，形成了整体高成本和低效率。

因此，物流集成不仅是适应现代生产和消费的变革的需要，也是物流自身发展和竞争的需要。

4. 信息技术的发展和网络化及社会信用的发展为物流集成提供了条件

互联网、信息技术的广泛应用，电子邮件、电子商务、虚拟经济的发展，极大地改变着传统的生产、交易和生活方式，提高了企业间的信息和知识交流，优化了物流企业信息流，通过信息集成，为物流企业的信息流、商流和物流的集成、协同创造了条件。

在新经济时代，网络是集成化的必要条件，是集成化系统有机联系及功能发挥的载体。在集成化物流系统中，网络既是实现集成化的联结条件，又是实现数据交换，完成集成功能的载体。同时集成化物流服务网络体系的建立，既可以迅速反馈顾客的需求信息，提高企业响应市场的速度，又可以大幅度地降低交流沟通成本、顾客支持成本及库存占用费用等。此外，物流效率直接依赖和受制于物流的网络结构与规模。作为物流管理与运行的基础依托，集成化物流的网络化包含两方面的内容，一是实体化的物流网络，二是基于现代先进技术基础上的电子化的物流信息网络。这两者共同构成现代物流企业的运行平台。我国信息化水平不断提高和基础设施网络的不断完善和优化，为现代物流发展提供了发展的基础。

物流集成本质上是物流企业间的委托代理，其成功运作在很大程度上依赖于集成化物流链成员之间信用的建立和保持，因此，物流集成完全是以信用体系为基础的。随着我国法律制度的不断完善，整个社会不断倡导诚信经营观念，弘扬诚信经营精神，鼓励诚信经营行为，提高诚信经营水平，反对非诚信经营现象，政府各执法部门都充分发挥其职能部门的作用，加大对企业诚信经营的监管与指导的力度，努力创造公平竞争、诚信经营的社会环境；企业诚信自律和企业家自律机制的不断完善，为企业间的合作提供了良好的诚信环境。

（二）现代物流集成的内涵和分类

什么是物流集成？目前理论界还没有统一的定义。不少学者从不同的角度和层面对物流集成进行了有益的研究和探索，并按照自己的理解对物流集成的概念进行了界定，因而形成了有关物流集成概念的"丛林"。客观地说，这种状况丰富了物流集成的研究，同时也对物流集成的研究造成了某种混乱。根据目前物流集成和整合的研究动态，对物流集成概念的认识和研究，比较有代表性的观点有第三方物流、第四方物流、物流要素集成、物流整合理论、一体化物流和综合物流理论和物流集成，与之相关的观点还有管理集成理论。

1. 第三方物流、第四方物流

第三方物流是专业化物流的主要形式，它产生于20世纪80年代的欧美国家，以低成本、高效率的一体化物流服务优势得到了迅猛的发展，成为现代物流发展的标志。目前世界上关于第三方物流的概念还没有标准的定义，尽管对第三方物流概念的解释不同，但其概念包含了三个基本核心：

（1）信息技术和现代管理技术是第三方物流形成和发展的基础；

（2）第三方物流和物流需求者之间是一种现代的经济合作关系，如物流外包、战略联盟、战略伙伴关系等；

（3）第三方物流通过物流纵向功能整合和横向产业间共生向物流需求企业提供集成解决方案。

第四方物流是在供应链理论和物流外包实践的基础上，发展和演变而来的新的物流运作模式。第四方物流代表性的概念是安德森咨询公司给出的，安德森咨询公司将其定义为由独立于第三方物流提供者、客户、商业过程管理者、IT服务者的供应链综合者，将自身的资源、能力和技术同来自补充服务提供者的资源、能力和技术集合起来，并对之进行管理，提供一体化的供应链解决方案。就其本质而言，"第四方物流"是集成，其主要体现在信息的共享和过程的优化。

2. 物流要素集成

何明珂从物流系统的角度分析了物流要素集成化原理，认为物流要素集成化是指通过一定的制度安排，对供应链上物流系统的功能、资源、信息、网络要素及流动要素等进行统一规划、管理和评价，通过要素之间的协调和配合使所有要素能够像一个整体在运作，实现供应链物流系统要素之间的联系，达到物流系统整体优化的目的的过程。

3. 物流整合

徐文静将企业资源整合理论引进物流概念，提出物流企业的资源整合基本上有两种，一种是物业内部的资源整合，另一种是物流企业内外资源整合，包括物流企业及其集团内部的资源整合和物流企业与外部企业的资源整合。李雷鸣针对我国物流产业"小、散、低、乱"，提出了组织一体化整合和信息化整合的第三方物流概念。组织一体化整合就是将企业集团原来分散的物流模式统一化和集成化，与统一采购相配合，组建一体化的物流系统，实行集中仓储、集中配送。信息化整合则包括两层意思：一是将企业集团供应链上所有企业和机构，都纳入信息化整合范围；二是意味着信息的统一化、标准化。此外，刘伟华、林荣清等从核心竞争力的角度分析了物流资源整合的实质和范围。

4. 一体化物流 / 综合物流理论

唐纳德·J. 鲍尔索克斯提出了物流一体化 / 综合物流的模型。该理论强调了对物流位置结构、仓库位置类型、运输节约、库存节约、最小总成本、物流战略的制定等方面整合的理论架构。

此外，还有文献从系统的角度分析了物流集成和整合，认为系统方法是理解物流在经济及在组织中的角色，包括它与营销之间的衔接、总成本概念和物流战略的关键。

5. 集成化物流和物流集成化

舒辉从供应链和国外物流研究的趋势出发，总结了集成化物流的概念，认为集成化物流就是将物流服务链上的所有节点企业作为一个整体，通过一定的制度安排，借助于现代信息技术和管理技术的支持，为提供集成化的物流服务而组成的集成化供应链管理体系。窦娟认为物流集成化是一个在不断发展的概念，它的内容、范围功能都在不断地发生变化。物流集成化的基本含义是指不同职能部门之间或不同企业之间在物流上的合作，将原材料、半成品和产成品的生产、供应、销售结合成有机整体，达到降低物流成本、提高物流效率的效果。

武汉大学的海峰在评述集成概念基础上借鉴共生相关理论，提出了管理集成的概念、内涵、特征、要素等理论。海峰认为管理集成是指将两个或两个以上的管理单元（要素）集合成为一个有机整体的行为和过程，所形成的有机整体（集成体）不是管理集成单元（要素）之间的简单叠加，而是按照一定的集成方式和模式进行的再构造和再组合，其目的在于更大程度地提高管理系统（集成体）的整体功能，更加有效地实现管理集成系统创造知识并使知识尽快转变为生产力的目标。从本质上讲，管理集成强调人的主体行为和集成体形成后的功能倍增性及管理集成单元的共同进化性，这无疑是构造管理系统的一种理念，也是解决复杂系统管理问题的方法。

（1）现代物流集成

纵观上述物流集成的观点，可以发现他们分别以供应链、企业资源整合、系统理论为基础，从物流组织、要素、资源、管理的分散性的角度，分析了物流集成的概念、集成的条件、内涵和外延。这些观点各有侧重，缺乏系统性，不利于从整体上理解和把握物流集成的内涵。本书结合现代物流的特征和物流实践给出如下定义：物流集成是物流服务集成商根据客户需求，借助于现代信息技术和管理技术的支持，通过一定制度安排，将其自身的资源、能力和技术同来自多个补充服务提供商的资源、能力和技术集合形成定制物流服务链，并对之进行管理，达到物流服务链整体优化目标的过程。我们可以从以下几方面理解物流集成的内涵：

①物流集成是一个动态的概念。一方面是根据客户物流需求的不同，物流集成的内容、范围不同；另一方面，随着现代物流概念和内涵的发展而不断地变化。

②物流集成是以现代信息技术和管理技术为支柱，以全球性物流资源为可选对象，综合各种先进的物流技术和管理技术，将分散的物流资源按需进行系统集成，形成组织化、协同化、管理高效化、高增值的资源配置优化的物流服务链。

③物流集成是有目的的集成。它是通过将分散的物流资源、组织、管理和上下游的企业整合，实现物流服务价值链的优化，达到降低物流成本，提高物流效率，实现增值的目标。所以，物流集成的过程就是价值增值的过程。

④物流集成具有主体性。物流集成是综合物流服务商在对自身或其他服务商可集成的物流资源、能力和技术比较选择的基础上进行集成的。综合物流服务商/物流集成商一般为专业化物流公司，比如第三方物流公司、第四方物流公司。

⑤物流集成是多层次系统集成，主要包括功能集成、资源共享、流程集成、管理集成和组织集成等。

功能集成指传统功能性业务之间的整合过程。

资源共享指物流服务商将各自拥有的物流资源向物流集成商开放并与其他服务商开展业务合作，共同使用资源的过程，主要有信息集成和知识集成。

流程集成指形成特定物流服务链的业务流程的再造和整合。

管理集成指两个或两个以上的管理单元集合成一个有机整体的行为和过程，强调人的作用，强调集成对象之间的耦合及对象之间的协同作用。

组织集成指两个或两个以上物流服务供应商为提供集成物流服务形成组织的过程，主要由战略联盟、合作伙伴、契约关系等形式。

⑥物流集成组织的实质是"内部化市场"。从现象来看，物流集成表现为物流交易的集中，本质是将分散决策和竞争机制引入物流服务链，实现"内部化市场"，利用物流分工网络、物流网络、物流信息网络、物流市场网络等网络效应，降低资源的稀缺性，增加企业间的合作和协同，提高集成体的收益。威廉姆森认为"内部市场化"是一种"有组织市场"，它是降低内部交易成本的有效手段。而内部交易成本下降，就使企业能够更加专注于其最具有比较优势的战略资源运用之上，获取分工的最大收益，与此同时，又可以通过与拥有互补性资源和能力的企业建立更为紧密的合作与交易关系，获取协作收益。

（2）现代物流集成的分类

对物流集成进行分类，有助于我们从不同的视角观察、分析和研究集成现象，寻求各自的特点，探索和掌握运行规律，实施有效的集成管理。

根据集成内容不同，物流集成分为功能集成、信息集成、组织集成、管理集成、客户整合、能力和资源共享等单独集成形式和多种形式的混合集成。

根据物流集成的形态不同，分为实体集成、虚体集成和实体与虚体的混合集成。实体集成指两个或两个以上的实体集成，如物流资源、设施的整合。虚体集成是指不同知识、理论、概念、信息等的集成，还包括功能之间、部门之间、人与人之间、人与群体之间、人与组织之间等的集成，如管理理念的整合。

根据物流集成对象的性质不同，可以划分为同质集成和异质集成。同质集成指集成体由具有相同性质的对象组成，如为提供大规模运输服务而形成多运输企业的合作。异质集成指集成体由具有不同性质的对象组成，如功能集成、流程集成等。异质集成是物流集成的主要形式。

根据集成对象间关系不同，划分为互补型集成和增添型集成。同质对象间的集成往往属于增添型集成，异质集成往往属于互补型集成。

根据集成的范围不同，可划分为微观集成、中观集成和宏观集成。企业内部的物流资源、功能、流程、管理和组织的集成属于微观集成。企业间的物流合作属于中观集成。地区、区域甚至国家之间的整合、协同，属于宏观层面的集成。

根据集成的紧密程度不同，划分为松散型集成和紧密型集成。例如，功能集成属于松散型集成，而组织集成、管理集成和一体化属于紧密型集成。

（三）现代物流集成的特征和优势

一个集成体与另外一个集成体组成一个更大的有效率的大集成体，必须满足某些前提条件。从发达国家物流集成的实践和经典案例分析中，可以看到物流集成的对象、物流服务商具备某些共同的特征。研究和分析这些特征，对我们研究集成模式、发展过程和集成效果具有重要意义。

1. 物流集成的特征

（1）集成主体具有共同利益属性。集成主体的共同利益是物流集成的目的性、相容性的基础。物流集成是物流服务商为了自身利益和竞争的需要，有选择地形成双赢的利益共同体。如果没有共同利益，就不能产生协作意愿，也就不存在物流集成的现象。

（2）无序性。集成对象和主体在时间、空间上无规律分布，各自独立运行，组成了一个随机的集合，只有通过选择和某种力的作用，即通过管理，整合集成对象间的各种关系，才能使集成对象和主体之间的关系呈现出有序性，使之形成有机的整体，发挥系统功能。

（3）主体性。物流集成强调人的行为（管理者的主体行为）。物流集成是主动地适应环境，有着明确的目的性；并且是集成主体在对可集成的单元进行比较选择的基础上进行的有机集成，即物流集成商通过对有关信息的搜集、分析和评价，并根据集成体整体目标最优的原则确定集成单元，使集成后的集成体的整体功能达到所要实现的功能目标，而不是被动地适应环境和随机的形成集成体。

（4）整体优化。物流集成是以系统整体优化为目标，将系统各要素集合成一个有机整体，并以系统整体为对象，综合解决物流管理系统问题的方式和理念，实现整体功能倍增。

（5）协同性。协同促进了系统有序程度的提高。系统目标是靠集成对象的协同一致来实现的，而管理、组织则是保证系统各要素协同一致的手段。

（6）多样性。物流集成是根据物流需求集成的，由于物流需求不同、集成对象的性质不同，构成了物流集成的多样性。

（7）自适应性。物流集成系统是一个开放的系统，它与外界信息、能量、物质上有着密切联系，并且随着系统复杂程度的增加与外界交换强度也在不断加强。集成单元（要素）会因物流需求和环境的变化而发生变化，并显示出"智能性"或自组织性；而集成对象的变化，又使得集成体的整体功能发生变化，以适应环境和需求的变化，显示出整体集成功能进化性。

（8）地域限制和网络性。物流服务对象和物流设施具有特定的地理位置，同时物流成本具有距离衰减特性，所以物流集成商优先选择本地物流服务商、本地物流网络、信息网络及社会网络。物流集成系统的优化是通过选择物流集成商和物流服务商形成的运作流程、无缝化的网络，谋求物流过程的高效率、协同性和总体经济性。

2. 物流集成的优势

物流集成通过形成有效的物流网络，使产品在生产、流通、消费等各个环节中增值；应用各种以先进的网络技术为核心的信息管理技术对物流进行信息管理，实现向客户提供以信息技术为基础的增值服务。物流集成效应是通过现代信息和通信技术，科学、合理地衔接物流的各个环节，实现对物流资源的现代化整合，最大限度地节约物资资料和商品在移动过程中的空间与时间。物流集成效应具体包括集聚优势、规模和范围经济优势、速度优势和网络优势。

（1）集聚优势。聚集本身就是集成的表现形式，物流集成的聚集优势是指通过集成方式将各集成对象聚集在一起形成相互匹配、相互融合、相互支持的集成综合体，从而降低交易成本，提高集成体效益。聚集优势主要源自资源向企业内的聚集，以及企业间的聚集。企业间聚集优势主要来源于企业之间在互惠、互利、优势互补及竞争与合作基础上形成的聚集、共生关系。

（2）规模和范围经济优势。物流集成将物流服务商有机地整合在一起，达到一定的集成规模，使得各集成对象既能充分发挥其功能，又能使集成体内各集成单元间实现最佳配置，从而达到功能增加的集成整体规模效应和产业链的增值。规模的扩大和资源的有效配置，形成规模经济，降低物流服务提供成本，提高服务效率；资源配置效率和管理的协同的提高，形成了成本节约；物流需求规模的扩大，降低了资产的专用性和风险；创造了新的增值服务。

（3）速度优势。从交易的角度分析，物流集成实质是通过集成将集成主体间的交易内部化，增加集成体与外部交易的规模，降低交易的频率、减少交易的时间和费用，加速了交易过程，实现了物流过程的成本节约，降低了交易资产的专用性和风险，增强了市场响应速度。从集成的角度来看，速度经济是通过技术集成、功能集成、组织集成来实现交易费用的节省和时间的节省。

（4）网络优势。从空间分布的角度分析，物流集成实质是通过集成主体间的经济联系形成了物流设施网络、信息网络和空间组织。依托于共享设施网络和信息网络，利用组织和管理优化物流网络的运作和耦合，增加了网络的附加值，提高了集成体的网络群体优势；增强了集成各主体核心竞争能力的共享和扩散，进一步提高了网络的团体优势。网络优势主要来源于网络的扩散、共享和强化的学习的特征，集成体中每一成员都从其他企业的优势中获益。从集聚的角度，集成的网络优势也是集聚效应的结果之一。

（5）网络学习和创新优势。物流集成形成了集成主体之间的管理和组织网络，促进了网络节点间的知识交流和互相学习。企业通过网络不断传播、使用、吸收、融合和创新知识，有效地发挥现有核心能力的作用和形成新的核心能力，取得更多的网络效应。网络内学习和知识与信息共享是企业在网络合作竞争中成功的关键，企业是在网络中与其他组织相互学习和交流的过程中不断发展的，嵌入于网络中的隐性的、不可模仿的网络关系和网络成员是企业学习和能力的关键来源。

（四）基于现代物流集成的物流产业的集聚模型研究

物流业集聚本身就是物流集成的表现形式，即物流集成过程实质反映了物流业集聚过程。物流集成是如何形成的呢？从力的角度来看，不同的物流服务商之所以能集合在一起，除了集成对象间的相容特性，必然存在力的作用。这种力的类型大体可以分为两种：一是外力。它是外在于集成元素，不以集成元素的意志为转移，具有强制性特征的作用力。外力的作用是使集成元素缩小空间距离，并且诱导或者激发其产生相互之间的内在吸引力，即内力。二是内力。它是内生于集成对象，由元素内在性质所引发的作用力。内力是集成对象真正实现质的集成的基本动力。事实证明，尽管外力为集成体的形成创造了环境条件，但不能保证集成系统的形成和持续发展，而内力是内在于集成对象之内、之间，并使集成对象实现真正意义上集合的作用力。外力和内力都是集成系统形成不可或缺的作用力，对象只有在外力和内力的共同作用下，才能形成集成系统。下面从引力和经济学的角度分析物流集成形成的过程。

1. 基于引力模型的物流集成的集聚分析

物流集成是由人和集成对象构成的社会系统，它包括人、物流资源、功能型物流、物流要素、物流能力等集成对象。由于集成对象之间在存在空间距离，只有集成主体之间的内力（相互吸引）作用能有效地克服空间距离并形成集成效应，才能形成稳定的高效的集聚体。实践表明，物流集成作为社会系统不是由单一物流服务商及其资源、技术和能力性质决定的，而是由各种因素综合作用的结果。

（1）影响物流集成的内力因素分析

大量物流集成实践和成功模式给我们的启示是，物流集成系统中两个集成单元之间的集成内力的增强或减弱，至少与以下几个因素相关：

①质量

质量是集成单元内在性质的综合反映，它是形成集成吸引力的基本动力。物流集成单元的性质主要包括组织的规模、资本总量、服务提供能力、生产效率、服务质量、组织结构、制度化管理水平、组织文化、盈利能力、核心技术、核心产品、核心竞争力、创新能力、发展潜力、变革能力、领导集团质量、知名度、信誉度、发展历史等。集成商的质量对集成单元的吸引力形成具有主导作用，除了上述质量指标外，集成商与其他物流服务商之间的经济联系、交易效率、物流资源、技术、能力融合性与互补性是集成商选择集成对象的重要因素。

②空间距离和心理距离

空间距离具有空间衰减规律和克服成本递增现象。空间距离影响了物流集成商选择集成对象的范围，影响了基础设施、信息和组织网络的构建和成本，影响了交易效率，影响了集成单元间的知识、信息的交流和信任关系，进而影响了集成对象的质量。物流集成强调人的主动性、人与人之间的心理隔阂，将直接影响集成单元间知识交流，所以地理的邻近性、文化的相似性、集聚体的植根性将影响物流服务商的合作范围和成本，也将影响集成内力的大小。

③环境

环境指物流集成单元生存发展的外生条件，由集成单元以外的所有因素的总和构成共生环境。环境对物流集成的影响主要是通过影响集成单元物质、信息和能量交流实现的。环境与集成单元间的物流、信息、资金流联系及其相关的管理活动共同构成了集成界面，物流集成商通过选择集成界面及界面模式决定了集成单元的数量和质量，也决定了集成体的物流提供能力。

④时间

事实上，无论是质量、距离，还是环境，都是时间的函数，随时间的变化而变化，物流服务商及其生存环境也随时间的变化而变化。例如，随着交通技术的进步和管理方式的变革，距离因素对物流集成的影响正在逐步降低。

（2）引力模型分析

物流集成程度与集成商、集成单元的质量、距离、环境和时间有关，集成单元的质量与集成的吸引力成正比，集成单元间的距离与集成的吸引力成反比，环境与集成的吸引力成正比。

若想实现物流集成单元的实质性集成，必须提高集成单元的集成内力。为此，就必须提高集成单元的质量，尤其是集成商的质量；采取措施和采用新的技术手段缩短空间距离与心理距离；改善和简化物流环境。

在空间距离、心理距离和环境无法改进的条件下，提高集成单元的质量可以提高集成的内力，促进集成的形成和发展。

在集成单元的质量、环境无法改进的条件下，缩短集成商与集成单元间的空间距离、心理距离能有效地提高集成内力。

在集成单元的质量、空间距离和心理距离无法改进的条件下，改善集成单元的外部环境，如政策、市场环境等，也可以提高集成的内力。

（3）引力模型对物流集成管理的启示

①集成商质量的改善有助于提高对集成对象的吸引力。在物流集成模型中，集成单元相互间的作用好像一个存在引力源的集成力场，集成商是场源，而且引力分布不均匀。集成商对集成单元具有选择性集成，同样集成单元对集成商也具有选择性，作为集成核心的集成商只有不断地改善质量才能提高对集成单元的吸附力，维持和提高集成质量和程度。

②关注环境变化，适时调整，保持集成的稳定。由于空间距离和心理距离的差异，集成商与集成单元之间的吸附力大小不同，远离集成核心的集成单元自由能量大、易于流动、稳定性差、容易受环境等其他因素的变化发生变故。这些单元是形成集成系统不稳定的主要因素，为了提高集成体系的稳定性，集成商管理重点应关注外部环境的变化，及时调整自身的管理措施，保证集成的稳定。

2. 基于经济学原理的物流集成的分析

物流集成的实质是利用现代信息技术和管理技术实现物流活动的无缝对接，延长服务链的长度，形成通畅的物流网络，提高物流的效率，实现物流成本的节约和服务的增值，为集成企业增加利润。我们将从企业加入物流集成的经济条件、集成增值和集成关系模型描述角度分析物流集成的过程。

（1）集成经济的条件分析

物流企业间进行物流集成除了前面分析的相容性和质量等因素外，最直接的动机就是获取利润，即集成后获取的利润要高于集成前的利润。

当然，物流企业的集成也不是无止境的，最终会受到地方市场规模、管理与技术、物流网络和环境的限制，物流集成倾向依赖于地方的经济条件，如地方物流市场潜力、规模经济水平、设施网络和物流产业的生命周期等。

（2）物流集成增值的来源

物流集成体的运营依赖于物流网络、物流活动、资源和物流服务等基本要素，集成体的效益增量（相对于集成前），即物流集成增值主要来源于以下四方面：

①交易效率的提高

物流集成将物流服务交易的内部化，减少了交易频率，提高了交易规模，节约了交易成本。交易效率提高促进了物流的分工，产生了报酬递增，提高了物流集成的增值。地理的邻近性和共同的社会文化、行为规范与价值观，增强了集成单元的相互信任，大大降低了交易成本。

②物流成本和时间的节约

物流集成将众多的物流服务商整合在一起，扩大了物流服务的规模，优化了物流资源配置。由于规模经济和范围经济的存在，通过信息和知识的共享，降低了物流服务的提供成本和物流时间。由于物流活动的无缝连接，提高了资源的利用率，节约了作业成本和时间。同时，增强了物流企业间的协同性，提高了物流效率。

③物流服务创新的增值

根据需求进行物流集成和整合本身就是物流服务的创新，新的物流服务形式提高了集成体的竞争优势，也维持了物流需求者的竞争优势，提高了企业的盈利水平。

④降低了学习成本

物流网络和地理的邻近性，促进了网络节点间的知识交流和互相学习，也加快了知识的扩散，提高了学习效率和降低了学习成本。

第五章 企业物流活动组织模式选择

第一节 企业物流组织模式选择模型

本节以生产制造企业产品销售物流为例，来说明分工的发展促进物流组织模式演化的机制。首先，分析一个不包括管理成本与一体化经济的物流市场，证明分工及第三方物流随交易效率的提高而发展，随知识存量决定的专业化深度的提高而发展；管理效率方面相对于专业化企业的劣势使企业更倾向于将物流业务外包给第三方物流企业；而在其他条件不变的前提下，一体化经济的存在则使企业更倾向于物流自营。

一、假设前提

分析的假设条件如下：

（1）经济中只有一种原初的生产投入要素，即劳动力。

（2）假设市场中有 M 个追求利润最大化的企业，M 是一个极大的数字，在决策之前是完全相同的，资源禀赋都为 1 单位，且生产函数也完全相同，即在产品的生产方面，不同企业间不存在外生的比较优势。

（3）企业的运行过程是这样的：企业生产消费品 %，然后通过物流活动 y 的辅助将消费品送达消费者手中，生产活动和物流活动构成了企业经营活动不可分割的两个组成部分，缺一不可，否则产品的价值就无法得到实现。因此将消费品和物流服务看作是两种中间产品，通过两种活动的结合才生产出消费者手中可以直接消费的"最终消费品"。这是容易理解的，因为消费者支付的最终价格不仅包括了对消费品本身的购买，也包括了对物流服务的购买。

（4）企业获取中间产品的途径有两种：一方面，它可以自给自足，利用自己拥有的经济资源生产出这两种中间产品；另一方面，它也可以专业化地生产一种中间产品，然后在市场中卖出自己生产的中间产品而购入另外一种中间产品。并且在理论上假设，不但生产企业可以购入物流企业的物流服务，物流企业也可以购入生产企业生产的中间产品——消费品。

首先，假设不存在管理成本，这种生产只消耗两种中间产品而不消耗额外的经济资源即劳动，在现实中是要消耗经济资源的，主要表现为对这两种活动进行协调、管理与统筹。为了分析的方便，假设不存在管理成本，而且两种中间产品的生产函数中也不存在类似的成本，因此，做这一设定也使对所有生产函数的设定在此方面表现一致。

其次是物流服务与产品这两种中间产品是否具有函数中所表现出来的相互关系。即是说，两者既表现出互补性，又表现出一定程度的可替代性，且技术替代率是递减的。对此的解释是，生产与物流这两种活动既相互支持又相互制约，在企业的利润最大化行为中，两者既存在互补性，又存在一定的可互相替代性。

这是因为：一方面，没有物流活动的支持，产品销售就不能顺利地完成，商品的价值就无法实现，而只有物流活动而没有产品的生产也不能创造价值；另一方面，两者又具有一定的互相替代性，企业可以将资源更多地用于产品生产，也可以将资源更多地用于物流的提供。在这里，产品生产和物流服务的生产更像是两种中间性产品，企业要做的就是在拥有（可以是自行生产，也可以是外部购入）两种"中间产品"的前提下，将它们"合成"为一种"最终产品"，在市场上销售给消费者，从而取得利润。物流与生产活动之间存在协同性，二者之间存在着一种最佳的结合点，能使经济效率最高，协调运转，而除了这一最优组合之外，还存在其他非最优的结合方式可选，但其经济效率无法达到这一组合的水平。生产活动发展而物流跟不上，会影响企业的经营与周转，而物流发达生产活动却跟不上，也一样会使资源的利用无效率。

最后，这一生产函数中，一旦一个变量为 0，则总产出就为 0。这是因为，只从事产品生产的企业，表面上看好像没有投入物流这种中间产品，但实际上它在市场中是购入了物流服务的。当然，物流活动也可以由消费者承担，但消费者的这部分成本一定会反映在产品价格上的，所以，实际上企业间接地购买了这种服务。

只要企业的产品存在一个向消费者让渡的过程，企业肯定要购买物流服务，否则就无法实现产品的价值。

二、市场均衡

在如上前提假设条件下，企业的利润最大化涉及的可以相互独立的在 0 和正值之间取值的变量共有 6 个，这 6 个变量在 0 和正值之间的组合共有 26=64 个。根据杨小凯的超边际分析方法求解企业的利润最大化，可以分为三步：第一步，根据文定理缩小决策模式的范围；第二步，求解每一决策模式下的企业利润最大化；第三步，比较不同的决策模式得到的解，找出使企业利润最大的解。

在杨小凯的超边际分析框架中，对决策模式的筛选是通过文定理来实现的。文定理的内容是：最优决策从不同时买和卖同种产品，从不同时买和生产同种产品，最多卖一种产品。文定理是基于单个劳动者模型的，对企业来讲，是否也适用呢？本书认为也是适用的。第一，市场中的企业也不会同时买和卖同种产品，这是显而易见的。第二，从不同时买和生产同种产品，也许在市场中我们会发现有的企业会同时买和生产同一种产品，如企业生产能力受到限制时，可能会将订单的一部分或者中间产品生产的一部分外包给其他的企业。但是，这只在很短的时间内，当企业无法对生产能力做出及时调整或者调整成本过高时才有可能发生，而对不存在调整成本且忽略调整时间的模型来讲，这种情况是不存在的。在我国的物流业中，有很多企业实行的是部分外包的策略，但是，通常外包与自营的是不同形式的物流，如运输与仓储自营，其他高级的物流活动外包，所以，也不违反这一定理。第三，只卖一种产品，现实中的企业可能会同时卖几种产品，前提是几种产品的生产过程中存在范围经济，因此，只要假设不存在范围经济，这一条件也能满足。

在市场中可能存在两种类型的社会经济组织模式：一种是自给自足的经济组织模式，另一种是分工的经济组织模式。前者记作 A，后者记作 O。A 由 M 个选择模式 A 的企业构成，而 O 由 MX 个选择模式的企业和 My 个选择模式的企业构成。

在前面的分析中，两种中间产品的价格都是外生的，这是出于对一个典型企业分析的需要，如果整个社会中的企业数量是巨大的，那么对单个企业来讲，中间产品的价格可以表现为外生的，但对整个经济体来讲，价格却不可能是外生的。一种中间产品生产的专业化有赖于另一种产品生产的专业化。

在两种组织模式中，每个结构有一个角点均衡，每个角点均衡定义为一组中间产品的相对价格，或选择相关模式的人数。这一相对价格或者人数满足如下条件：每个企业将利润最大化，市场需求等于市场供给。

（1）当一个社会的技术水平既定，即专业化深度参数 α 外生给定时，社会的分工水平取决于交易效率或说交易成本。当交易效率大于临界值时，经济结构即为分工的。对物流市场来说，当向第三方物流企业购买物流服务的交易效率大于某一临界值即时，第三方物流市场就会得到发展，经济体中的生产制造企业会选择将物流外包给第三方物流企业，在发达国家对许多企业来讲情形就是这样；当物流市场的交易效率低于临界值时，生产制造企业就会选择自营物流，对发展中国家的大多数企业来讲，这种情形就会出现。

（2）当一个社会交易效率既定，即社会中无交易制度的创新时，社会的分工水平取决于专业化深度参数。这一参数依赖于整个社会的知识存量和技术水平。从上面交易效率临界值的函数 $k_0 = 22\alpha(1-\alpha)$ 可以发现，交易效率临界值 k_0 同专业深度参数

α 成反比，专业化深度参数 α 越大，则交易效率的临界值越低，社会的经济结构越倾向于分工结构，反之，专业化深度参数 α 越小，则交易效率的临界值越高，社会的经济结构越倾向于自给自足。

对于物流市场来讲，则是专业化深度参数 α 越高，则企业越倾向于将物流活动外包，专业化深度参数 α 越低，企业越倾向于自营物流。

（3）上述模型中，企业被假定为同质的。如果企业是异质的，不同的企业其生产函数不同，专业化深度参数 α 不同，则在交易成本给定的前提下，在同一经济体中，不同的企业可能会选择不同的物流组织模式。其专业化深度参数 α 越大，则交易效率临界值 $k_0 = 22\alpha(1-\alpha)$ 越小，企业越倾向于选择从外部购入物流服务；相反，若企业的专业化深度参数 α 很小时，说明其中专业化中所得到的收益要小得多，则交易效率的临界值 $k_0 = 22\alpha(1-\alpha)$ 越大，企业越倾向于自营物流。这样，在一个异质性的社会中，不同的企业会选择不同的物流组织模式，有的企业自营物流，有的企业从市场中购入物流服务，而整个社会第三方物流发展的总体情况，第三方物流企业在物流市场中所占的比重与份额，则取决于整个社会的平均专业化深度参数度，社会的平均专业化深度越高，则从分工和专业化中得到的好处越大，交易效率的临界值越小，第三方物流组织越发达。

（4）当一体化的企业存在一体化经济时，交易效率的临界值增大，企业比没有一体化经济的情况时更倾向于自给自足，且一体化经济系数 i_0 越大，交易效率的临界值越大，企业越倾向于自给自足。对物流市场来说就是企业越倾向于自营物流的物流组织模式；同理，当一体化导致额外的管理成本，从而使管理效率下降时，交易效率的临界值越小，企业越倾向于分工的组织结构。对物流市场来讲，也就是企业越倾向于将物流活动外包给第三方物流企业；从整个社会的角度来讲，第三方物流就越发达，且随着管理效率系数变小，企业将物流外包的愿望就越强烈。

（5）当市场结构合理时，具有良好的市场绩效，交易成本也较低，从而企业从物流外包中所得到的好处越多，企业也越倾向于选择物流外包；反之，当市场结构不合理时，市场效率越低，交易效率也低，企业越倾向于自营物流。

第二节　分工专业化经济与物流组织

分工的物流组织即物流外包，物流外包的发展是现代物流最重要的趋势和特点之一，究其原因就是物流外包能充分地利用分工与专业化来提供物流效率。但本书所指的物流外包的分工专业化经济是指分工的相对收益，是剔除了企业内分工专业化经济和一体化经济的机会成本之后的分工专业化经济，只有这一相对的分工专业化经济才真正影响物流活动的组织模式。

一、分工对物流活动组织模式的影响机制

第三方物流在分工专业化能力方面要优于兼营物流的生产性企业，但兼营物流的生产性企业内也存在着一体化经济，对一个生产性企业来讲，是选择外包还是自营物流活动，在不考虑交易成本因素的前提下，取决于第三方物流的分工专业化优势同自营物流的一体化经济优势之间的对比。当第三方物流企业的分工专业化能力超过 i 线时，使用第三方物流所获取的分工专业化经济会超过企业内自营物流的一体化收益，这时，企业会选择将物流活动外包；反之，在 i 线的左边，第三方物流企业的分工专业化能力无法使企业获得足够的收益来弥补一体化经济的损失，这时，外包物流的机会成本大于收益，企业会选择在内部自营物流。

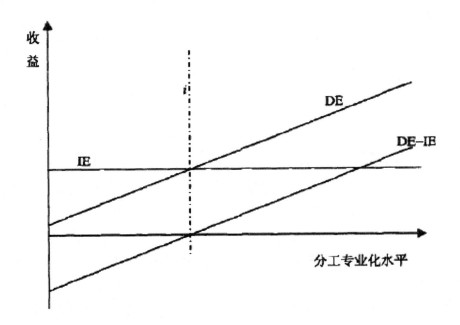

注：DE 线为分工专业化经济；IE 为一体化经济。

图 5-1　物流分工专业化经济与一体化经济的比较

二、物流外包的分工专业化效应

在物流发展的初级阶段，物流活动以运输、仓储、包装、装卸搬运、采购等分割的形式分散在企业生产的各个环节，各个企业也基本上都以自给自足的方式，独立完成企业自身的各项物流活动。

随着生产力的发展及管理理论和管理技术水平的提高，加上市场竞争的需要，企业需要改变内部的分工结构以提高效率。通过在企业内部进行分工组织实验，再加上军事后勤的经验，企业逐步发现运输、仓储、包装、装卸搬运、采购等功能是紧密相关的，可以形成一种新的分工，实现专业化带来的收益递增。因此，从20世纪50年代开始，在企业内部开始出现物流管理一体化，通过对运输、仓储、包装、装卸搬运、采购等物流活动的集成化管理，企业提高了生产率，降低了成本和风险，提高了顾客服务水平，物流成为第三利润源泉。并且，由于物流管理的专业化，提高了物流管理水平，促进了物流技术的发展。

应当承认，随着大机器工业的到来，工业时代精细的分工相对于早期农业、手工业式的粗放经营，是一种历史性的进步。自亚当·斯密以来，许多经济学家的各种经济理论与各国经济发展的实践都证明了精细分工在提高生产效率方面所体现的巨大优势。然而，现代生产企业却又在时效性受制约的另一面反映这种精细分工所存在的问题。在这种分工体系下，每一组织或职能部门只是完整流程的一部分，各组织部门被限定在从事专门活动的特定单元中是合理而高效的，但事实上一个原本应为完整的业务流程却被若干个职能部门分割得支离破碎，高额的物流成本使得企业的生产与流通存在着巨大的浪费。这些问题的存在迫使人们在社会化大生产的总体框架下，重新考虑新的物流模式的建设问题。例如，一项简单的物流业务，往往要好几个供应商承担才能完成，铁路只管发运，车队只管运输，仓库只管收发货，相互之间既没有很好的信息沟通，也没有统一的操作规范和标准。这种状态要求客户涉及许多供应商，中间环节烦琐，出现了问题相互推诿责任，不利于运作和管理，也很难适应市场经济的要求。

由于市场规模的限制，企业内部分工达到一定水平后，当分工带来的专业化报酬的边际效益等于企业内部管理成本的增加时，企业内部分工结构趋于稳定，专业化经济生产效率也趋于减速增长。要进一步提高分工水平和专业化报酬，就需要通过组织创新，将企业内部的分工向外部市场化，以通过市场规模的扩大，进一步深化分工，实现更高的生产效率。

因此，从20世纪80年代开始，随着企业对核心竞争能力的重视，以及信息技术的发展和应用改变了传统管理方式和交易方式，一种新的市场化分工组织——物流企业迅速发展起来。企业将一些原本由企业自己来实施的物流活动，交给外部的专业化物流企业来承担，通过快速沟通信息技术和物流企业实现高效合作，企业可以专注于自己的核心业务，加速提高自己的核心竞争能力，物流企业也可以通过在内部进行物流设计和物流运作等功能的进一步分工，提高专业化水平，实现物流成本的降低和更高效率的物流运作。社会化的物流已拓展到包装、运输、配货、加工、配送、信息处理等多项增值服务，从而涉及生产、流通和消费的全过程。

20世纪90年代以后，一方面，随着对企业核心竞争力的认识进一步提高和管理技术的进一步发展，企业开始重视上下游企业之间的分工与合作，即供应链的管理。通过深化企业所在供应链上的成员企业之间的分工，在更大范围内整合物流资源，进一步提高专业化水平，提升整个供应链的效率，从而增强供应链及其成员企业的竞争能力，这就需要物流方案设计和组织协调水平更高的物流服务。另一方面，随着物流企业的发展，物流管理和物流技术的不断提高，物流企业也需要将内部的物流设计和物流运作之间分工向外部市场化，以进一步提升专业化水平，提高自己的核心竞争能力。因此，作为分工进一步深化的结果，出现了第四方物流企业。第四方物流企业主要是利用管理和设计优势，策划设计综合的供应链解决方案，组织并协调第三方物流企业进行具体实施，从而进一步提高物流运作的效率，提升供应链的竞争能力，为客户创造更大的价值。

三、自营物流的一体化效应

物流活动作为影响企业生产活动能否流畅进行、产品价值能否顺利实现的重要因素，对于企业的生产效率和市场地位有着重要的影响，而且随着分工与专业化的发展，市场竞争激烈程度的提高，物流活动的这种重要性体现得越来越明显。因此，许多企业，尤其是大企业为了保证生产经营的稳定性，为了确保自己在市场中的份额和地位，会选择在企业内成立自己的物流部门来自营物流。

对企业来讲，自营物流通常存在着这样一些好处：第一，能保证企业对物流的控制能力，保证物流服务的质量，并防止因物流活动的不协调影响企业的生产经营活动；第二，自营物流使企业同客户直接联系，使企业同客户的联系更为密切，有利于维持良好的客户关系，保证原材料的供应，保证产品的销售，稳定企业的生产经营活动，维持企业的市场地位和市场份额；第三，避免商业信息的外泄，维持企业的竞争优势；第四，降低交易成本，减少因交易而带来的市场风险；第五，对我国的企业来讲，由于大多数企业原来都拥有一定的物流资源，特别是国有企业以及由国有企业改制而来的股份制企业和民营企业，因此，自营物流能够盘活企业的物流资源，避免沉没成本。

（一）物流活动控制能力的保证

自营物流的企业可以对物流系统运作的全过程进行有效的控制。对企业内部的采购、制造和销售活动的环节，原材料和产成品的性能、规格，供应商以及销售商的经营能力，企业自身掌握最详尽的资料。企业自营物流，可以运用自身掌握的资料有效协调物流活动的各个环节，能以较快的速度解决物流活动管理过程中出现的任何问题，获得供应商、销售商以及最终顾客的第一手信息，以便随时调整自己的经营战略。使用第三方物流会使生产企业对物流的控制能力降低。由于第三方的介入，使得企业自身对物流的控制能力下降，在双方协调出现问题的情况下，可能会出现物流失控的风险，从而使企业的客服水平降低。另外，由于外部服务商的存在，企业内部更容易出现相互推诿的局面，影响效率。

（二）客户关系的维持和提升

第三方物流会使企业与客户的关系被削弱。由于生产企业是通过第三方来完成产品的配送与售后服务，同客户的直接接触少了，这对建立稳定密切的客户管理非常不利。而企业自建物流系统，就能够自主控制营销活动，一方面可以亲自为顾客服务到家，使顾客以最近的距离了解企业、熟悉产品，提高企业在顾客群体中的亲和力，提升企业形象，让顾客切身体会到企业的人文关怀；另一方面，企业可以掌握最新的顾客信息和市场信息，从而根据顾客需求和市场发展动向调整战略方案，提高企业的竞争力。

（三）商业信息的保密

对任何一个企业来说，其内部的运营情况都是处于相对封闭的环境下，这不仅是外界对于企业运营了解渠道匮乏的原因，更重要的是企业为了保持正常的运营，特别是对于某些特殊运营环节如原材料的构成、生产工艺等，不得不采取保密手段。客户信息对企业而言是非常重要的资源，但第三方物流公司并不只面对一个客户，在为企业竞争对手提供服务的时候，企业的商业机密被泄露的可能性将增大。当企业将运营中的物流要素外包，特别是引入第三方来经营其生产环节中的内部物流时，其基本的运营情况就不可避免地向第三方公开。而在某一行业专业化程度高、占有较高市场份额的第三方会拥有该行业的诸多客户，它们正是企业的竞争对手，企业物流外包就可能会通过第三方将企业经营中的商业秘密泄露给竞争对手，降低企业的竞争力。

（四）交易成本节约与交易风险规避

选择物流第三方，由于信息的不对称性，企业无法完全掌握物流服务商完整、真实的资料。而企业通过内部行政权力控制原材料的采购和产成品的销售，不必为运输、仓储、配送和售后服务的佣金问题进行谈判，避免多次交易花费以及交易结果的不确定性，降低交易风险，减少交易成本。

市场交易成本因素新制度经济学派的交易成本理论认为，物流活动的外购属于服务贸易，形成市场交易成本的主要原因是信息不对称而导致的信用风险。第三方物流是通过契约形式来规范物流供应商和企业之间关系的。物流服务的行为实际上是一系列委托与被委托、代理与被代理的关系，是完全以信用体系为基础的。生产企业以合同方式将物流活动委托给第三方，第三方为能及时响应顾客要求，又以合同方式汇集了众多仓储、运输合作伙伴。交易和结算主体往往涉及多方面的物流参与者，其中任何一个物流提供者出现信用问题，都将会影响物流服务的效率。在美国，物流企业要对供应商、工厂提供银行出具的信誉程度评估报告，这样在物流委托方出货后，银行就会为其做信用担保，等于物流企业为货品购了保险，厂家和零售商就都有信任感。而在我国现阶段，一方面，企业普遍存在信用问题；另一方面，缺少一个良好的信用保障体系。信用危机导致送货延迟、错误投递等行为的发生及生产企业控制物流企业的短期行为，增加了物流服务交易成本。这种成本的增加往往以两种形式表现出来，即物流外包支出增加和企业信誉度下降。

企业物流外包存在风险，虽然外包物流的机制是先进的，但是国内生产企业在使用这种模式时，仍然要承担一定风险，这是由生产企业的内外环境决定的。在我国，物流业面临着制度上的困境。首先，企业物流和社会物流（主要是 3PL）存在严重脱节的现象，即物流业的发展与生产企业的物流需求有一种距离，生产企业物流的发展在社会物流中没有找到有效的帮助和依托，而社会物流的发展也没有在生产企业的有效需求中找到可落实的动力和指引，结果是双方陷入被动的发展局面。

目前，我国物流公司的数目不少，但是良莠不齐。许多物流公司是从原来传统的仓储、保管和运输企业中发展而来的，业务水平、人员素质和经营规模都不高，基本上还不是真正意义上的第三方物流。而就社会生产总体而言，实现物流链管理的生产企业还是为数不多，物流并没有渗入社会生产中。其次，国内生产企业的总体物流水平参差不齐。以美的、海尔、TCL、海信、青岛啤酒和乐百氏为代表的少数龙头生产企业资金雄厚、资源丰富，正在积极打造物流平台。而经营规模小、营业额低于上亿元的生产企业却占据绝大多数。这些企业不仅管理落后、经营秩序不规范，而且缺乏高素质的人才，造成企业竞争能力弱、信息不对称。这种状况从深层次上讲更多地取决于国家制度环境的复杂性，比如说法律、法规不健全，政治体制改革步履维艰以及思想观念转变需要长期的阵痛过程。因此，弱小生产企业要想摆脱这种沉重的阴影还需要一段时间，它们的物流改造将是一个循序渐进的过程。

（五）原有物流资产盘活

产业组织理论认为，企业在退出某一行业时，会受到许多因素的阻碍，这些因素被称为退出障碍。沉没成本就是其中之一。

所谓沉没成本，就是企业在退出某一行业时，其投资形成的资产不能被转卖或只能以低价转卖，造成的不可收回的资本损失。由于各企业都从自身角度出发经营物流活动，因此，从全社会物流资源优化配置的角度看，生产企业建设的物流设施存在着总量过剩、结构失调等问题，有的甚至具有极强的专用性，如企业专用铁路线。当生产企业打算退出物流领域而采取物流外包时，这些物设施很难或只能以低价转让，给企业带来巨大的沉没成本，形成较高退出障碍。

此外，企业退出物流领域时，需要解雇相关的物流部门从业人员，但国有企业解雇职工时，需要支付退职金、解雇工资等，在国有企业不景气的情况下，这笔成本也构成了企业退出物流领域的障碍。在我国目前生产企业中许多企业仍拥有汽车车队、仓库、机械化装卸设备等物流资源，企业选择自营物流，可以在改造企业经营管理结构和机制的基础上盘活原有物流资源，带动资金流转，为企业创造利润空间。

第三节　交易成本与物流组织

物流外包的发展是现代物流最重要的趋势和特点之一，但物流外包不可能完全替代自营物流，其原因除了企业内存在前一体化经济之外，还因为分工的物流组织模式也会带来高昂的交易成本。在企业内部也会存在管理成本，即企业内交易成本，在第三方物流的分工专业化比较优势给定的前提下，物流活动的组织模式将取决于市场交易成本与企业内交易成本的对比。

一、交易成本对物流组织模式的影响机制

如上所述，在第三方物流企业的分工专业化能力给定、兼营物流的一体化经济固定不变时，物流活动的组织模式取决于市场交易成本与管理成本的比较。物流组织模式与交易成本、管理成本之间的这一关系可以用图 5-2 来揭示。

交易成本的上升会使分工专业化的净收益由 NDE 下移到 NDE2，而管理成本的上升也会使一体化的净收益由 NIE 下移到 NIE2，在这种情况下，物流组织模式将取决于 NDE 线和 NIE 线下移幅度的比较。如果交易成本变动更大，则 NDE 线的下移幅度更大，新的分工专业化净收益线 NDE2 同新的一体化净收益线的交点在原来的右边，如果第三方物流分工专业化的能力极限在线 a 处，则在交易成本变动前，使用第三方物流是有利的，但在交易成本上升之后，线 a 在新交点的左边，这时，使用第三方物流就会带来利益损失，企业会选择自营物流。同理，如果管理成本的上升幅度更大，原来自营物流的企业更有可能选择将物流活动外包。

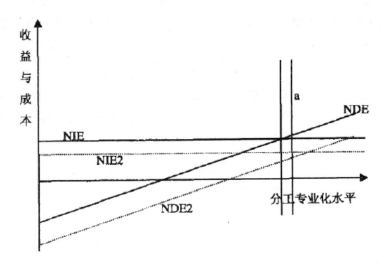

注：NDE 线为分工专业化的净收益；NIE 则是一体化的净收益。

图 5-2 物流活动的分工成本与收益

二、物流外包的交易成本

参照威廉姆森对交易成本刻画的三纬度，本书也从资产专用性、不确定性和交易频率三方面来分析物流市场的交易成本。

（一）物流的资产专用性

参照威廉姆森（1985）的定义，可以把物流的资产专用性定义为：为了支持特定的物流服务交易，供求双方进行的耐久性投资。威廉姆森认为，资产用途的专用性至少可以分为五类：①地点的专用性，将衔接的岗位以相互关系密切的方式来安排场所，以便节约库存与运输成本；②有形资产用途的专用性，如为生产一个部件所需的专用冲垫；③以边干边学方式形成的人力资本用途的专用性；④奉献性资产，这是根据特定客户的紧急要求而在工厂中特意进行的投资；⑤品牌资产。

专用性投资不仅会给物流服务的提供方带来交易成本，也会给物流服务的需求方带来交易成本，对作为物流服务提供者的第三方物流企业来讲，这种交易成本更多的是事前的成本、直接的成本。在交易契约实施初期就必须支付的成本，因为针对物流需求者所进行的库房、业务网点等专用性投资一旦形成，其中的相当一部分就有成为沉没成本的危险，若交易破裂，这些资产再利用和出售的价值会大大小于其现有价值；而对物流需求方来讲，资产专用性带来的成本更多的是事后的风险，一旦物流服务的提供者违约或者其提供的服务与承诺不完全相符，打了折扣，那么给其带来的间接损失会很大，即给其生产经营活动业务的开展带来影响，导致损失。在物流交易契约中，由于第三方物流企业是代理人，物流需求企业是委托人，所以，通常物流需求企业有更多的关于交易风险方面的担心。

对物流服务提供者来讲，专用性投资类型包括了所有的、由威廉姆森定义的五类专用性投资。如在地点专用性方面，物流领域里有最佳的库房场所选择、为完成某项物流活动而设立的业务网点等；有形资产专用性包括为物流需求方专门设计的运输工具、专门建设的可控库房、定制的信息系统等；人力资本专用性更是物流领域的重要专用投资：专门为客户设置的物流管理部门、专门研究与需求方生产特征相适应的物流方案的人员、在长期合作过程中形成的默契和信任、需求方建立的解决手段、交涉机制等；奉献性资产方面，第三方物流在客户的工厂内根据业务需要进行专用设备的投资极为常见；在品牌专用性方面，为了满足需求方的物流需求，物流执行主体通常需要通过各种不同的认证，才能为某个领域的企业提供物流服务。

对物流服务需求者来讲，专用性投资包括：进行与服务商运输、搬运等设备接口的生产性设施建设和投资；进行与服务商相兼容的信息系统开发；配备一定量的与物流服务方密切合作的工作队伍和供应商管理部门等。最为重要的是当双方都进行了专用性投资后，就等于限制了其他物流服务企业的进入，物流需求方对物流执行主体的依赖性加强，这也是一种重要的专用性关系投资。因此，可以说在物流领域里，物流的供需双方存在着双向的关系专用性投资。

（二）物流市场的不确定性

不确定性实际是指主观预期与客观真实情况之间的差距。加林·库普曼斯曾把不确定性区分为原发的和继发的两类，原发的不确定性就是那种随机发生的问题，是自然无序行为和无法预测的消费者偏好的变化造成的。原发的不确定性是一种客观的不确定性，其产生的原因是：世界的变化发展是变幻不定的，具有随机性和任意性，而不是沿着唯一和确定的路径前进。继发的不确定性则产生于缺乏信息沟通，也就是说一个人在做出决策时，无从了解其他人同时也在做的那些决策和计划。继发的不确定性是一种主观的不确定性，是由于人的认知能力的缺陷而无法确知事物过去、现在、以及未来的状态。威廉姆森（1985）认为，除了这两种不确定性外，还有一种更为重要的不确定性，即行为不确定性，其根源在于投机。当存在资产专用性时，不确定性的逐渐增大，带来了高昂的交易成本，会迫使交易双方设计出某种机制来解决问题。

物流市场同其他所有的产品和服务市场一样，也具有原发和继发的不确定性。随着竞争的日益激烈化，市场越来越充满变数。

不稳定的市场要求有快速反应的、柔性的物流系统与其相适应。

这样，物流交易也就处于一个不确定的环境中，对物流需求随时处于变化之中：

运量、流向、库存量、发货到货时间等都可能不同。加之有限理性的限制，很难在事先把将来可能出现的所有情况都预测到，因此，物流系统具有较高的不确定性，要求物流执行主体能够进行连续决策，以适应需求方的需要。

在行为不确定性方面，可以说对所有的行业和对所有的产品都是一样的，其中体现出来的行业特性和产品特性并不明显，因此，物流市场上的行为不确定性同其他产品和服务市场上的行为不确定性并无很大区别。行为不确定性起源于人的利己性和有限理性。利己性使人们不择手段地追求私利，哪怕是同社会的道德规范不相符合的；而人的有限理性使合约不可能是完全的，无法对交易中的背德行为提前做出完全有效的合约安排。

（三）物流服务的交易批量和交易频率

物流服务的交易批量是指物流企业与交易对象每次的交易量，交易批量的规模简单划分为小批量和大批量。多批次、小批量已经成为信息经济时代的一个重要特征。

交易频率取决于两种因素，一种是产品的自然属性，比如其对于人们生产和生活的必须强度、需求频率、产品能提供服务的生命期长短等自然属性。另外的一个因素就是人的因素，一个人可以从不同的供应商那里购买自己需要的商品，也可以经常习惯性地光顾一个熟识供应商。物流是为生产和流通服务而存在的，生产流通领域高的交易频率决定了物流高交易频率特征。

三、自营物流的企业内交易成本

一体化成本表现为标准的企业，即一种科层组织中的成本，包括企业一般管理成本、获取和集中生产要素的成本和效率损失。效率损失包括许多方面，比较重要的是：由于企业内部对个人的生产贡献的度量远比市场机制差，而带来的企业内生产者相对于市场中的生产者的动力耗丧、原谅失误的倾向和互相包庇的倾向所带来的损失及企业规模增大导致的管理复杂程度的提高而造成的管理效率的下降等。

（一）建立自有物流系统的交易成本

企业在建立自己的物流系统时，会产生交易成本，这种组织建立的交易成本主要包括两类：一类是购入物流要素的交易成本，另一类是组织部门的建制和操作成本。

1. 购入物流要素，建立物流系统所产生的交易成本

生产性企业在自己组织物流时，首先从外部购进物流活动所需要的各种要素：一是各类固定资产，如购入车辆、建筑仓库、构建物流所需的信息平台等。二是要雇佣

物流从业人员。因此，如果企业原来没有自己的物流部门或者原有物流系统不完善，那么它在建立和完善物流系统时，会产生一些交易成本。

2. 组织建制与操作成本

企业的一般管理成本是一种确知的成本，包括组织建制成本和操作成本。企业要组织物流活动就要聘用管理人员，向他们支付薪金，同时还需要房子、办公用品等办公设施，这都是一个企业组织建立所带来的成本。而操作成本则是在日常的管理工作中产生的各种成本。如监督各主体的工作表现、惩处表现不佳的组织成员等的成本。

组织的管理成本在自营物流的企业内和第三方物流企业内同样存在，但是，通常自营物流的企业存在更高的和额外的管理成本。这主要表现在如下几方面：一是物流部门同生产部门之间的协调成本；二是企业内的管理者同专业化物流组织中的管理者相比，在物流管理方面存在着管理效率的比较劣势。

第一，物流部门同其他部门之间的协调成本。

在生产制造企业内部，物流活动作为生产活动的辅助性活动，必然要求物流部门要同生产部门协调行为，物流活动随着企业生产和销售活动的需要的变化而做适应性的调整，而这种协调行为是有成本的。在市场中，这一成本表现为交易成本，而在企业中，则表现为管理成本。例如，物流活动最主要的环节就是运输和仓储，因此，企业自营物流必须具备与生产能力相符的运输力量和仓储容量。鉴于市场的供需存在着不可预期的波动性，则给企业经营带来一系列的风险。同时，现代物流正在向标准化的方向发展，企业为了保证与价值链上下游的有效链接，必须要改进物流设备，这将加大企业固定资金的投入。如果处于销售旺季，由于企业运力不足，可能导致企业失去商机，不仅影响销售额的提高，而且还可能在下一波的销售淡季到来时由于产品未及时售出而造成产品积压；如果处于销售淡季，企业的运力和仓储空间就会出现闲置，导致企业资金无法有效利用，在计算固定成本的情况下却没有收益。

第二，企业内物流管理效率的比较劣势。

企业通常会将更多和更好的管理资源集中于核心业务，以保证生产活动的效率，降低生产成本，从而使物流部门同外部第三方物流企业相比，存在管理资源上的比较劣势。对绝大多数企业而言，物流部门只是企业的一个后勤部门，物流活动也并非为企业所擅长。在这种情况下，企业自营物流就等于迫使企业从事不擅长的业务活动，企业的管理人员往往需要花费过多的时间、精力和资源去从事辅助性的工作，结果是辅助性的工作没有抓起来，关键性业务也无法发挥出核心作用。

竞争优势理论指出，在当前这样一个竞争世界中，企业要获得竞争优势，必须从企业与环境特点出发，培育自己的核心竞争力。现代管理强调的是把主要精力放在企业的关键业务上，充分发挥其优势，同时与全球范围内的合适企业建立战略合作关系，企业中非核心业务由合作企业完成,即业务外包。企业通过业务外包可以获得比单纯利用自有资源进行自营更多的竞争优势。企业在集中资源于自身的核心业务的同时,通过利用其他企业的资源来弥补自身的不足,从而变得更具有竞争优势。一般来说,生产企业的关键业务并不是物流业务,并且物流业务也不是它们的专长。将物流作为核心业务的物流企业,具有非常丰富的物流运作经验,管理水平也非常高。而新兴的第三方物流企业由于其从事多项物流项目的运作,可以整合各项物流资源,使得物流的运作成本相对较低,物流作业更加高效。生产企业将物流业务剥离出来交给第三方物流企业来做,就可以集中精力开展主流业务、发挥竞争优势。

(二)物流部门内部的组织效率损失

物流部门内部由于信息不对称而产生的内生交易成本也是影响组织的管理效率的重要因素。信息问题所导致的部门内的协调困难、监督困难使物流部门的组织效率发生损失。物流部门内部的组织效率损失源于两方面:一是人的机会主义倾向,二是信息不对称。组织一般被理解成追求共同目标的结构化群体,但是,在组织内部,个体利益和目标同集体的利益和目标并不总是一致的。组织中的个体也有其自己的目标,这些目标部分同组织的共同目标一致,部分不一致。信息不对称带来的监督困难使组织内部的机会主义行为得逞。企业内的机会主义行为使组织的效率部分地发生了损失。在自营物流的企业内,物流人员存在更多的机会主义倾向。这主要是因为,生产制造企业的管理者对物流活动更为不熟悉,尤其是与专业化的物流企业中的管理者相比。这种知识分立程度的增加,使监督和绩效度量更为困难,而且作为辅助性部门,物流部门得到的管理者的关注要比生产部门少得多,从而使企业对物流部门的管理并不那么严格。基于这些因素,自营物流企业的物流人员通常有更大的机会主义的行事的动机。

效益评估的困难。由于许多自营物流的企业采用内部各职能部门彼此独立地完成各自的物流,没有将物流分离出来进行独立核算,因此企业无法计算出准确的产品的物流成本,无法进行准确的效益评估。

企业选择自营物流,会使企业的组织规模增大,导致组织效率下降。对一个企业来讲,从管理效率的角度来考虑,通常存在一个能使企业管理效率最高的最优组织规模,当企业的组织规模小于这一规模或者大于这一规模时,都会导致组织效率的下降,当组织规模过小时,一方面,企业的管理资源可能得不到充分的利用;另一方面,先进的管理理念和管理方式得不到应用,因此,当企业规模很小时,通常其管理效率是低下的。而当组织的规模过大时,企业内部的层级结构会变得复杂起来,一方面,产生了多层的委托代理关系,而每一层委托代理关系都要产生一定的成本;另一方面,由于组织规模的增大,企业内的监督和绩效考核的难度也随之增大,信息不对称问题开始变得严重，企业内的机会主义行为增多，从而导致组织效率下降。

物流活动涉及企业生产的方方面面，由于各部门都存在着独立的利益，都追求自身效益的最大化，这给物流活动的有效开展带来麻烦。在我国企业现有经营管理机制下，如何协调各方面的利益，甚至要求某些部门牺牲自身利益以达到企业整体效益的最大化是一件困难的事。如果将物流管理权提高到各事业部门之上，可能导致原本分布于各环节的物流活动被互相推诿，责任承担不明确；如果把物流管理权分散在各事业部门，则无法避免个体利益的最大化和整体利益的弱化；如果把物流管理权放在与各事业部门平行的位置上，则可能导致物流管理要求无法得到有效的执行。

以安泰达物流公司和小天鹅集团的操作实践为例。小天鹅集团下属原有一个运输单位，一直掌握集团的物流业务。2002年，集团出资20%与其他企业合作共同成立安泰达物流公司，打算将企业的物流业务剥离出去，交给安泰达来做。但是，接管工作受到运输单位的阻挠，企业内部利益发生冲突，高层领导内部也有诸多分歧。最后经过协商，提出了解决办法：按照"老人老办法，新人新办法"的原则，将某些局部业务留给原下属运输单位继续经营，主要负责原材料采购、省内短途运输和配送，允许对外承接物流活动；由安泰达公司接管所有产品的干线运输业务以及地方仓储和配送业务。2003年，小天鹅集团直接运输成本就降低了2000多万元，这还不包括人力成本和效率提高带来的间接成本。这种做法实际就是企业结合内外环境，采用外包物流和自营物流的混合模式，充分发挥各自的优势，而且随着市场运作的不断完善，股份会弱化、企业物流外包将走向成熟。

第四节　市场结构与物流组织

物流市场的结构是物流活动组织模式的一种间接影响因素，它并不直接决定物流组织的选择，但影响着分工专业化经济的实现、影响着物流市场的交易成本，进而影响着企业在自营物流与第三方物流之间的选择。

一、市场结构对物流组织模式的影响机制

前两节分别分析了分工专业化经济、交易成本对物流组织模式选择的影响，在现实中还有一个重要的因素需要考虑，即市场结构。市场结构对物流组织模式选择的影响如图5-3和图5-4所示。

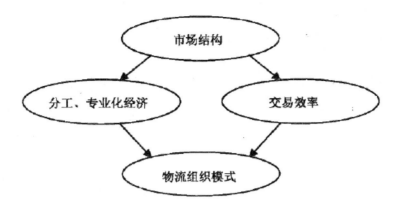

图 5-3　市场结构对物流组织模式选择的影响

　　两个在分工专业化能力及其他方面完全相同的第三方物流企业，在不同结构的市场中所能实现的分工专业化收益也不相同，当不合理的市场结构导致企业绩效下降并使交易成本上升时，阻碍第三方物流的发展。这一逻辑可以通过图 5-4 来分析。市场结构对最优状态的偏离使现实的分工专业化经济由 DE 下移到 DE2，使市场交易成本由 DC 上移至 DC2，而分工专业化经济与交易成本的变动使分工的净收益由 NDE 下移到 NDE2。在一个具有合理结构的市场中，分工的临界点在 A 点，所有处于 A 点右边的分工专业化能力都能使分工的物流活动组织模式取得多于一体化经济的收益，而在第二种缺乏合理性的市场结构中，分工的临界点在 B 点。如果一个第三方物流企业的分工专业化能力极限为 L，则在合理的市场结构中它处于分工临界点的右边，企业会选择物流外包；而在不合理的市场结构中，i 处于分工临界点的左边，企业会选择自营物流。

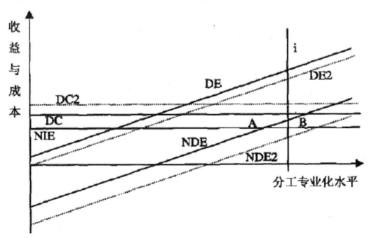

　　注：DE 线为分工专业化经济；DC 为市场交易成本；NDE 为分工专业化的净收益；NIE 为一体化的净收益；i 为第三方物流企业的分工专业化能力

图 5-4　市场结构与物流组织模式

二、物流市场结构的特点

通常市场结构及计量指标的分析都是基于制造业和公用事业的，说明工业经济以制造业为中心的显著特点。随着经济服务化的发展，服务业市场结构和服务业产业组织分析的重要程度日益提高，因为服务业的市场结构和产业组织与制造业区别很大，除部分公用事业类服务业外，几乎所有服务业都表现为完全竞争态势。物流服务因利用大量基础设施，对经济运行具有重要作用，具有较强的公共性，受到各种法律法规的制约。而各项物流服务本身与一般服务性商品一样，物流企业的经营同样要追求利润，因此，物流服务兼具公共性和商业性的特点。又因为新型市场主体第三方和第四方物流的出现，物流市场的产业组织与一般市场的产业组织有所不同，其市场结构十分复杂。

在完全竞争、垄断竞争、寡头垄断和完全垄断等一般市场结构的基础上，产业组织理论引入博弈论后对市场结构的有合作博弈的分析，物流服务因各项功能协调配合、综合性强的特点，使物流市场的市场结构多以合作竞争的形式出现，不同于一般的市场结构。

物流市场（除基础设施外）进入壁垒不高，企业众多，市场集中度不高，市场结构是竞争性的。但就物流市场体系内部的不同子市场来说，市场结构各不相同，如运输市场铁路的市场份额逐渐下降，公路、航空的市场份额同时上升，改变了铁路运输的垄断地位，增加了运输市场的竞争程度；全面的物流服务要求各种运输方式之间实现联运，还要求各物流功能之间相互协调，即竞争中要有合作。因此物流结构更多地以合作竞争为主，而非单纯的竞争或单纯的垄断，如物流主体间的物流联盟、物流供应链等，往往是既竞争又合作。典型的物流市场产业组织有物流服务联盟、供应链组织网络和物流纵向一体化等，物流市场的竞争与合作是通过上述产业组织来实现的，这样的市场结构和产业组织形式是提高物流效率、降低物流成本、实现有效竞争的市场选择。不过，不同的物流市场产业组织实现合作与竞争的途径有所不同。

三、市场结构对分工专业化经济与交易成本的影响

在理想的状态下，经济行为主体可以取得分工与专业化的所有好处。但是，在现实经济中，这种好处要受到市场效率的影响。当物流市场是完全有效率的时候，现实的分工、专业化经济等于理想状态下的分工、专业化经济，而当物流市场并非是完全有效率时，分工、专业化经济就要受到市场效率的侵蚀。物流市场效率与分工、专业化经济之间的这种关系可以用图5-5来表示。

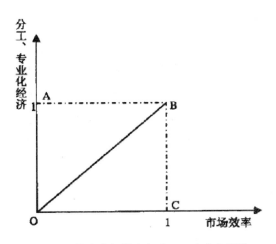

图 5-5　物流市场效率与分工、专业化经济

图 5-5 中，OB 线表示物流市场效率与分工专业化经济之间的关系，当物流市场效率为零时，它会侵蚀掉所有的分工、专业化经济，而当市场效率为 1 时，它能使经济中的主体保有全部的分工、专业化经济。当然，在现实中，物流市场既不可能完全无效率，也不可能取得完全的效率，所以，市场效率总是界于 0 和 1 之间。在产业组织理论的 SCP 范式中，市场效率由市场结构所决定。

市场结构对交易产生着重要的影响。当某一产品的买方面对着占有垄断地位的卖方或者卖方面对着占有垄断地位的买方时，通常他们的利益会因对方的市场垄断能力而受到一定的损害。由此产生两种性质的交易成本：一种是"租金"式的交易成本；另一种是交易成本的不公平分割。

第五节　组织网络化与供应链一体化

市场与企业是经济活动组织模式的两极，在这两极之间，还存在大量的中间状态的组织。组织网络化就是对这一中间状态组织特性的概括。在物流活动中，供应链是一种介于自营与外包之间的物流活动组织模式。

一、现代社会的组织网络化

（一）组织网络化的出现

信息技术的迅猛发展和经济全球化正在将企业带进一个巨变的时代。环境在变，构成并置身于环境中的企业及其价值创造方式也在变。恰如 Senge Carstedt（2001）所指出的，"正在涌现的新经济秩序有三个显著特征：全球化；强调无形资源的价值——观念、信息和关系。高度联结。在新经济秩序中，真正的变化不是技术而是沟通，沟通就是经济。企业更高的利润来自提供更好的解决方案而不是设备；今天的市场已经变成了一个对话的场所。新经济开始于技术而终止于信任——共同创新的人们必须互相了解、互相信任。也许当我们能够重新发现'公司'一词作为'生命共同体'的意义时，我们也就会重新发现公司在更大的生命体系的共同体中所应当占有的恰当位置。"

由此可见，面对日益不确定的环境，企业再也不能仅靠自己的力量来应付环境中的各种不测，而必须与不同利益相关者发展出多元的战略伙伴关系。这种变化深刻地揭示出组织网络化发展的核心蕴含，即通过对企业内外部资源的有效配置来形成企业的核心能力，进而保证企业价值创造。

网络是具有参与活动能力的行为主体，在主动或被动的参与活动过程中，通过资源的流动，在彼此之间形成的各种正式或非正式关系，是各种行为主体之间在交换资源、传递资源活动过程中发生联系时建立的各种关系总和。网络中的各个主体之间不仅仅是一种交易，还应在比较高的信任度基础上进行相互学习和协作。网络的类型有多种，如果强调行为主体是企业，则可称为企业网，如果强调网络中的活动是为了创新的目的，则可称为创新网络，如果强调知识、技术资源，则可称为技术网络。

（二）组织网络化的原因

组织网络化是在分工发展的前提下出现的，市场竞争环境的变化是其诱因，而信息技术的发展和交易治理模式的进步则使组织网络化的需求变成现实。

1.外部竞争环境的变化提出了组织网络化的需求

自20世纪80年代以来，世界发达国家已经进入后工业化与信息化时代，科学技术飞速发展，全球化的市场竞争日趋激烈，使企业外部经营环境发生了巨大变化。一是来自客观需求的变化。随着社会财富的日益充足，消费者用越来越挑剔的眼光看待企业所提供的产品和服务，要求更多的个性化和更高的性价比，对产品和服务的依赖性和忠诚度在下降。二是来自市场的迅速变化。在多样化、复杂化、个性化的顾客需求的强力驱动下，市场上企业间竞争日益激烈，每个竞争者都极力抓住转瞬即逝的市场机会。在如此快速多变而又充满不确定性的市场中，企业面临的挑战是应该以什么样的组织管理模式，使自己保持着弹性与自适应性，去把握市场多变的机会。三是来自竞争态势的变化。从竞争的范围来讲，企业除了面对来自区域内的同行竞争外，更多地面临全球业界竞争者的竞争。从竞争的深度来看，20世纪60年代竞争的焦点是成本，到了70年代质量是关键因素，而进入80年代以后时间因素正在日益成为企业竞争的第一要素。

首先,企业所处经营环境的变化速度大大超过了传统企业组织的跟踪与调整能力。一方面,竞争环境的快速变化要求企业有迅速响应变化的能力;另一方面,产品生命周期的缩短意味着新产品开发风险的增大,要求企业有较强的风险承受能力。为此人们转而把注意力由企业内部转向了企业的外部。很长一个时期以来,改善组织生产力的机会来源于重新思考部门之间的关系,但是近年来,已转变为重新思考企业间的合作关系。其次,竞争观念在改变以适应环境变化。80年代后,越来越多的企业意识到仅靠自己的资源和能力不足以适应快速的变化。随着技术迅速发展,行业进入门槛降低,竞争对手同时来自业内与业外企业,使得竞争对象具有不确定性。因此完全竞争的观念逐渐被协调竞争的观念所取代,企业更加强调相互信任、相互合作与协调,在竞争的同时寻找广泛的合作。

2. 网络化组织在信息整合方面的优势

外部网络化使企业能够更为有效地把握外界信息。竞争给企业带来及时把握市场机会的压力。企业首先必须在面临用户需求和竞争对手行为的双重不确定性条件下,解决与外部环境的信息交流问题。外部网络化使企业能够更为有效地把握外界信息。网络扩大了企业与外界环境的接触面,提高了信息处理的效率。外部网络化使原先由单个企业独立完成的整个业务流程现在分解为多个环节由网络中的各个企业执行。也就是说,每个业务流程都是直接面向环境的,从而拓展了与之相关的信息收集的广度和深度,更为敏感地感受环境变化。而且由于各个企业拥有与其业务流程相关的专业知识和技能,它们能够高效率地对信息来源以及信息的处理方式做出准确的判断。

3. 网络化组织的交易成本优势

网络不同于市场和企业,网络是相互选择的伙伴之间的双边关系。网络化包含相互信任和具有长期远景的合作及得到遵守的行为规范。所以它可以保证合作伙伴的可靠性和不断提高的知识、能力及交换资产的质量。与市场相比,网络可以更好地处理伙伴之间的关系,以确保较少的知识信息遗漏"参与到网络中,可以对于技术问题有一个相同的理解和参与主体繁荣共同学习的过程","网络比市场更为稳固,而比企业的内部更为柔性"。其中信任是网络发挥作用的过程中最有价值的资源。随着信任扎根于网络中,非正式的鼓励机制将扮演更为重要的角色。它可能与个人关系相联系、可能与正式机构相联系。正是由于网络成员间相互信任、目标基于长远利益和重复多次的交易行为及在知识、技术上的相互依赖都能极大地抑制短期的机会主义行为,降低交易成本。

二、组织网络化与供应链一体化

（一）供应链一体化成为现代物流发展的趋势之一

供应链一体化是物流发展到较高水平的表现，20 世纪末发达国家的物流业表现出了很强的供应链一体化发展趋势。供应链一体化的基本含义是指不同职能部门之间或不同企业之间通过物流上的合作，达到提高物流效率、降低物流成本的效果，当一体化系统发展到一定阶段时，以物流为联系的企业关系就会形成一个网络关系，它的发展会影响物流业的市场结构和空间布局。

供应链一体化管理是现代物流发展在战略层面的特点和趋势。在美国，尽管目前不同物流企业因服务对象不同、规模不同可能采用不同程度的合作管理方式，但总的趋向是从 20 世纪 70 年代末形成的内部一体化逐步向 90 年代以来的外部一体化演化，一体化程度不断加深。物流企业的目标是使整个供应链从原料采购、加工生产、分销配送，到商品销售给顾客的各个环节的高效协同工作，以最优的商品供应体系，降低整个供应链的物流成本，实现对顾客的快速反应，同时提高顾客服务水平。这种以物流管理为基础的供应链一体化管理战略的实施同样重要，由市场和企业发展的内在要求驱动，对企业来讲是一种自发行为。

供应链一体化管理主要涉及四个主要领域：供应、生产计划、流、需求。供应链一体化管理是以同步化、集成化生产计划为指导，以各种技术为支持，尤其以 internet/intranet 为依托，围绕供应、生产作业、物流（主要指制造过程）、满足需求来实施的。供应链一体化管理主要包括计划、合作、控制从供应商到用户的物料（零部件和成品等）的信息。供应链一体化管理的目标是提高用户服务水平和降低总的交易成本，并且寻求两个目标之间的平衡（这两个目标之间往往有冲突）。在以上四个领域的基础上，可以将供应链一体化管理分为职能领域和辅助领域。职能领域主要包括产品工程、产品技术保证、采购、生产控制、库存控制、仓储管理、分销管理。而辅助领域主要包括客户服务、制造、设计工程、会计核算、人力资源、市场营销。

（二）供应链一体化出现的原因

进入 20 世纪 90 年代以来，由于科学技术不断进步和经济的不断发展，全球化信息网络和全球化市场形成及技术变革的加速，围绕新产品的市场竞争日益激烈。技术进步和需求多样化使得产品寿命周期不断缩短，企业面临着缩短交货期、提高产品质量、降低成本和改进服务的压力。企业面临的环境主要如下几方面的特点：第一，大量信息的压力迫使企业将工作重心从如何获得信息转到如何准确地过滤和有效利用信息；

第二，技术进步越来越快，企业必须不断学习新的技术，否则它们将面临由于掌握的技能过时而遭淘汰；第三，高新技术的应用范围越来越广；第四，市场和劳务竞争全球化，企业的客户范围变大，同时顾客的忠诚度变小；第五，产品研发的难度越来越大；第六，可持续发展的要求；第七，全球性技术支持和售后服务，售后服务成为赢得客户的重要因素；第八，用户的要求越来越苛刻。

在现代社会竞争日益激烈的背景下，任何一个企业都不可能在所有业务上成为世界上最杰出的企业，只有优势互补，才能共同增加竞争实力。为了使加盟供应链的企业都能受益，并且要使每个企业都有比竞争对手更强的竞争实力，必须加强对供应链的构造及运作研究，由此形成了供应链一体化管理这一新兴经营与运作模式。供应链一体化管理强调核心企业与最杰出的企业建立战略合作关系，委托这些企业完成一部分业务工作，自己则集中各种资源，通过重新设计业务流程，做好本企业能创造特殊价值、比竞争对手更擅长的关键项业务工作，这样不仅大大地提高了本企业的竞争能力，而且使供应链上的其他企业都能受益。在供应链一体化管理方式下，企业将主要精力放在企业的关键业务上，培育自己的核心竞争力，充分发挥企业的优势，企业中非核心业务由合作企业完成，实施供应链的企业可以通过业务外包，获得比单纯利用内部资源更多的竞争优势，在业务外包的基础上产生了一种新的企业组织形式——扩展企业。

供应链一体化管理提出的时间虽不长，但它已引起人们的广泛关注。特别是国际上一些著名企业如惠普公司、IBM 公司、DELL 计算机公司等在供应链中取得的成就，更使人坚信供应链是进入 21 世纪后企业适应全球竞争的一个有效途径，因而吸引了许多学者和企界人士对供应链一体化管理进行研究和实践。近几年来供应链一体化管理的实践已经扩展到了一种所有加盟企业之间的长期合作关系。

第六章 我国物流业组织模式的现状考察

本章对我国物流活动组织模式的现状进行了考察。经济的发展是存在路径依赖的，这种依赖性表现为经济发展的连续性，我国物流业发展的历史决定了目前我国物流经济活动组织模式的格局。因此，本章首先对我国物流产业的发展历程进行了回顾；在此基础上对我国物流活动组织模式的现有格局进行了分析。其主要特点是：第三方物流发展迅速，但自营物流仍是企业的主要选择。本章最后对我国物流产业效率进行了分析。

第一节 我国物流业的发展历程

我国物流业是随着国民经济的发展而不断向前推进的。从1979年引入现代物流概念到今天已40多年的时间，这一段时间也正是中国经济由计划经济向现代市场经济转变的过程，我国的经济发展取得了显著的进步，经济总量不断地扩大，市场化水平逐渐提高，整个社会的分工和专业化水平也得到明显的提高，从而产生了物流业向分工和专业化发展的需求。在这一需求的拉动之下，我国物流从传统物流向现代物流转变，取得了质的飞跃。物流在中国从引入物流概念到全面发展，大致经历了以下几个阶段：

一、计划经济时期的物流业

对中国经济的发展历程来说，这是一个相对比较特殊的阶段。整体经济的计划特征决定了物流业的特点。这一时期，中国尚未引入物流整体概念，更没有现代物流的概念，只有流通业、运输业、仓储业等与物流相关的行业。资源分配和组织供应是按行政区划进行的，物流活动的主要目标是保证国家指令性计划分配指标的落实，物流的经济效益目标被放到了次要位置。物流活动仅限于对商品的储存和运输。物流环节相互割裂，系统性差，整体经济效益低下。

这一时期，我国实行的是高度集中的计划经济管理体制，国家的整个经济运行处于计划管理之下。国家对各种商品特别是生产资料和主要消费品，实行指令性计划生产、分配和供应，商品流通企业的主要职责是保证指令性分配计划的实现。为了节省流通领域的成本，政府在综合发展各种运输方式，合理布局物资储运点，建立合理库存，编制并不断修改主要物资的合理流向图，提倡综合利用各种运输方式及发展联运，但总体上是按计划生产、储存和运输，实现计划分配与供应。特别是1963年物资部门实现统一管理中转供销仓库以后，全国商品的物流活动基本上由各级物资储运公司和商业储运公司来承担。物资储运公司遵循"以收抵支，收支平衡"的原则，无论中转次数多少，只向用货单位按国家规定的收费标准收取一次性管理成本，物资系统内部调拨物资不收管理费，国家要求物资企业发挥蓄水池的作用，导致社会物资库存量不断上升，物资周转缓慢。工业消费品的储存和运输按三级批发的供销体制进行，即对应一、二、三级商品批发供应站设立相应的商业储运公司，分别承担三级概发过程中的储运业务。当时的商品零售业主要是由国营的百货商店、粮店、副食店和各种物资供应站构成的，它们成了物流的终点，而且大都规模不大，内部物流活动主要是储存。与此相对应，企业生产按计划安排，物资供应按计划调拨，产品销售按计划分配，交通运输按计划执行，几乎所有的生产资料和消费资料都是由各级政府按部门、按行政区域通过计划手段进行分配和供应的。涉及"物流"的各个环节，包括采购、运输、仓储、包装、加工、配送等，均完全通过计划手段进行管理和控制，企业基本没有自主经营的空间。这种计划经济体制下形成的管理方式，导致了条块分割，自成体系，机构重叠，生产、流通、销售等环节相互分离，社会库存量大，物资周转缓慢，资金占用较多，给社会资源造成极大的浪费。

在这一时期，理论研究的内容侧重物资流通与商品流通。资源分配和组织供应是按行政区划进行的，物流活动的主要目标是保证国家指令性计划分配指标的落实，物流的经济效益目标被放到了次要位置。物流活动仅限于对商品的储存和运输。物流环节相互割裂，系统性差，整体经济效益低下。

二、转轨时期的物流业

20世纪80年代，中国引入了"物流"概念，中国经济开始从计划经济逐步向市场经济过渡。随着产品和服务的商业化和市场化，整个社会的分工和专业化水平有了一定程度的提高，全国性各类市场开始形成并不断地壮大其规模，商品流动量的增大和流动频率提高使计划经济时代遗留下来的物流资源不能满足市场的需求，低分工与专业化水平的物流也导致了资源的极大浪费。因此，市场经济的推进和总体经济的发展要求物流业扩大规模和提高效率，必然也就要求提高物流业的分工和专业化水平。

另外,市场竞争日益加剧,高物流成本成为企业降低成本和提高产品市场竞争力的障碍,因此,各类企业开始意识到现代物流的重要作用,不仅流通部门加强了物流管理,生产部门也开始重视物流问题。不仅国有物流企业的建设有所加强,同时一些集体和个体物流企业也有了发展,物流业已打破部门地区的界限,向社会化、专业化的方向发展。但这时还没有真正意义上的现代物流运作和现代物流企业。

这个时期,为了提高企业的经济活力,企业经营自主权得到增加,多种经济成分进入市场,国民经济步入高速发展时期。政府逐步放开了对企业生产、物资、价格的管理,工业企业自主决定其原材料的采购和产品的生产与销售。商贸企业根据流通体制改革和供应方式的调整变化,开展了商品物流配送中心的试点工作。交通运输企业突破传统的观念,把业务范围向运输前后的两头延伸。货运代理企业作为托运人与承运人之间的桥梁与纽带,开办了代理货物托运、接取送达、订舱配载、联运服务等多项业务。国外先进的物流概念和物流管理方式随着外商投资企业进入我国。

这个时期,由于经济活动已向商品经济转变,物流业开始注重经济效益。物流活动已不仅仅局限于被动的仓储和运输,而开始注重系统运作,即考虑包括运输、仓储、包装、装卸、流通加工等在内的物流系统的整体效益。按系统化思想,推出了仓库一次性作业、集装单元化技术、自动化立体仓库、各种运输方式综合利用和联合运输等系统应用形式,用系统思想对物流全过程进行优化,降低物流总成本。这个时期,物流的经济效益和社会效益有所提高。

在这一时期,研究的内容既涉及很多技术问题,如运输、储存、包装、装卸、流通加工、信息传输和处理等技术,也包括很多经济管理问题,如物流成本、物流的经济效益、社会效益等。

三、市场经济时期的物流业

20世纪90年代,我国加快了经济体制改革的步伐,经济建设开始进入一个新的历史发展阶段。科学技术的迅速发展和信息技术的普及应用、消费需求个性化趋势的加强、竞争机制的建立,使得我国的工商企业,特别是中外合资企业,为了提高竞争力,不断提出新的物流需求,我国经济界开始把物流发展提到了重要议事日程。国家逐渐加大力度对一些老的仓储、运输企业进行改革、改造和重组,使他们不断提供新的物流服务,与此同时,还出现了一批适应市场经济发展需要的现代物流企业。国内市场上出现的不同形式的物流服务企业大致有四种类型:第一种是商业、物资储运企业经过重组改造,利用原有仓储设施建设商品物流配送中心,向用户提供物流配送服务;第二种是交通运输企业和货运代理(含联运、集装箱)企业通过扩大业务经营范围,开展门到门运输，进而转向为用户提供部分物流服务；第三种是工业生产企业自身成立相对独立的物流机构或实体，自己全部承担原材料和产成品的后勤保障服务；第四种是少数专门从事物流服务的企业，面向全社会提供公用型物流服务。此外，还出现了连锁商业代理配送、航空快件运输和专递服务等。

经过多年发展，目前全国已经在交通运输、仓储设施、信息通信、货物包装与搬运等物流基础设施和装备等方面取得了长足的发展，为物流产业的发展奠定了必要的物质基础。配送中心的发展、商品代理配送制的发展、第三方物流的发展使得物流产业呈现快速发展的势头。随着买方市场的形成，企业对物流领域中存在的"第三利润源泉"开始有了比较深刻的认识，优化企业内部物流管理、降低物流成本成为目前国有企业最为强烈的愿望和要求。在我国逐步建立起了初具专业化、现代化、社会化水平的物流服务网络。这一时期的物流研究主要内容涉及 GPS、物流查询与跟踪技术及物流与 MRP—11、DRP 等的集成应用、英特网与物流、电子商务与物流、第三方物流、供应链以及相应技术等。

第二节 我国物流业组织模式的现状

近年来，随着经济发展水平的提高和社会分工程度的提高，我国物流产业的整体格局也悄然发生着变化。一方面，物流业的分工水平有所提高，在企业内表现为企业对物流越来越重视，许多企业都形成了具有一定专业化水平的物流组织部门，物流能力有了很大提高。从整个社会的角度来看，第三方物流发展迅速，越来越多的企业倾向于将物流服务外包给市场中第三方物流企业；另一方面，物流业整体的专业化水平得到不断的提高，先进的物流设施得到了初步的应用，物流业向着社会化、标准化、自动化和信息化的方向不断迈进。

但是，从我国物流的现有状况来看，我国物流的发展水平仍然偏低，同整体经济的发展水平不相匹配。从物流市场整体的角度来看，中国的物流的分工和专业化程度还比较低，近八成的物流活动仍然是在企业内部自行完成的，第三方物流在整个物流市场中的比例还比较低，这严重影响着我国的物流效率。

一、我国物流业组织模式的现有格局

随着社会分工不断细化，供应链上已经不仅仅包括生产商、分销商和零售商，第三方物流服务商逐渐成为供应链中不可分割的一员。而且由于第三方物流的专业性、低成本性及其逐步提高的服务水平，越来越多的企业将物流业务外包出去，而只专注于自己的核心业务。工业与商贸企业"大而全""小而全"的商业运作模式开始打破，非核心竞争力的业务外包已成为一大趋势，特别是物流业务的外包。

在物流供需方面，一方面由于受"大而全""小而全"商业运作模式的影响，物流有效需求不足。但另一方面，由于第三方物流企业参差不齐，一体化服务功能差，有效供给也不足。除少数企业外，第三方物流企业的客户满意度普遍不高，主要差距在于信息化程度、服务理念与一体化运作水平。

因此，从现实情况来看，大多数工业企业和商业企业仍然偏爱自营物流。

二、我国物流业组织模式的特点

目前，我国物流市场的组织模式表现出如下特点：

（一）与发达国家相比，第三方物流发展比较薄弱

与发达国家相比，中国的第三方物流市场还在初级发展阶段。据 MORGAN STANLEY 统计，中国由第三方物流服务的产品只占总体产品的 16%，经第三方物流环节的工业原始生产资料只占总体的 20%。中国的第三方物流只占总体物流业务的 2%，而这一数字在美国为 8%，在欧洲则为 10%。因此，中国的第三方物流市场潜力巨大。2004 年，中国货主企业对第三方物流的认知度进一步提高，客户需求日益增长，2002年第三方物流市场规模将近 800 亿元，比上年增长 20% 以上。

有关专家认为，由于对现代物流缺乏深刻认识及其他原因，目前中国大多数工商企业使用第三方物流服务的意识并不强，使得第三方物流市场出现"僧多粥少"的局面。据有关资料介绍，第三方物流占物流市场的比重在美国为 57%、欧盟为 35%、日本为80%，但在中国还不足 20%。

（二）外包物流集中于传统项目

目前工业企业"外包"物流集中于传统项目，生产企业的外包物流主要集中在干线运输，其次是市内配送；物流系统设计、物流总代理等高增值、综合性服务则发展相对滞后。

随着我国物流市场的进一步开放，中国物流市场的竞争进一步加剧。传统的提供单一物流服务的企业比例在继续下降，而可提供多环节系统化集成物流服务的现代物流企业的比例显著提升。据 2005 年南开大学中国现代物流发展报告课题组调查，在被调查企业中，只有 1/4 左右的企业主营业务为一项，不足 10% 的企业为两项，余下的企业均为 3 项或 3 项以上。与 2003 年度相比，物流企业的主营业务更为广泛，提供综

合性服务的企业逐步增多。值得关注的是，增值物流服务，如咨询服务、信息处理、流通加工以及包装等业务也占据了较大的比例。这说明物流企业已开始显现出向高附加值服务的方向发展，而在其他选项中，有一些企业还提供了进出口运输代理、保税监管、汽车维修、货代、船代和快递等方面的服务内容。

但从物流企业向市场提供的服务种类看，运输、仓储及配送业务仍占绝对比重。中国第三方物流供应商功能单一，增值服务能力薄弱，物流服务商收益的主要部分仍然来自基础性服务，主要是仓储和运输业务，增值服务、物流信息服务和支持物流的财务服务的收益的比重相对较小。已有的增值服务主要是货物拆拼箱、重新贴签、包装（分类、并货、零部件配套）、产品退货管理、组装（配件组装）、测试和修理等。增值服务薄弱的原因：一方面，多于一半的物流服务商认为客户还没有做好外包准备；另一方面，客户认为中国缺少高水平的物流服务商，同时也认为自己有能力把自身的物流业务干好。在这种状况下，一个物流供应商在未能赢得客户对其服务能力有充分信任时，只能局限在相对较低层次的基本物流服务上。由于客户对物流提供商信任度不够，因而他们多数只是把干线运输、市内配送、仓储等单项的物流业务外包出去，高附加值、综合化的服务没有成为物流服务的主流。另外，第三方物流的市场集中度不高，没有形成真正意义上的网络服务，互联网、条形码、EDI等信息技术未广泛应用；高级物流人才匮乏，设施落后，管理水平较低。与欧美、日本等发达国家相比，差距比较大。

（三）越来越多的企业倾向于把部分物流业务外包

以生产企业成品销售物流为例。目前，生产企业利用第三方物流开展业务的比重虽然不高，大多数年份都在20%以下，但是选择将物流业务部分外包的企业却越来越多。这主要因为第三方物流运作成本较高，企业一般是把一些需要综合物流运作及依靠物流网络较强的业务外包，简单的专项物流作业则倾向于企业自己操作，以降低成本。

选择部分外包的企业的物流外包比重变化也能说明这一趋势，1999年选择部分外包物流业务的生产企业中，外包比例不足30%的占40%以上，说明近60%的企业外包比例在30%以下。而到2003年，外包比例在30%以下的就只有不到20%了，外包比例在60%以上的企业约占1/3，而半数的企业外包比例在30%~60%之间。至2005年，外包比例在60%以上的企业已经占选择部分外包物流业务的企业中的半数。

其中的主要原因是，随着企业物流需求层次的不断提高，物流服务种类的增多，相比高层次的物流业务在企业的物流需求中所占的比重越来越大，而这部分物流业务通常是企业外包的对象。企业自营的物流则集中在运输、仓储等基础性的物流业务方面。

根据中国仓储协会第六次物流市场供需状况调查的结果，虽然生产制造企业期望新的物流服务商提供的服务内容，主要是干线运输、市内配送、物流管理与咨询、物流系统改造、仓储保管，说明生产制造企业还是以基本的物流服务需求为主，但企业已经对物流改善的管理咨询服务和物流系统改造给予了很大关注。在外包物流服务中，企业对包含多种物流服务的综合物流服务需求呈上升趋势，如生产制造企业的第三方物流服务中，希望提供三种以上物流服务的企业需求比例高达 73%。

（四）不同地区物流发展不平衡

在我国的不同地区工商企业物流外包发展情况不均衡，目前的总体情况是：从地区对比来讲，东部地区第三方物流需求的释放快于中部、西部，第三方物流企业主要集中在珠江三角洲、以沪宁杭为中心的长江三角洲和京津唐环渤海地区。

我国由于不同地区之间经济发展不平衡，物流发展水平差异较大。东部沿海地区第三方物流发展快于中西部地区，一方面，大多数进入中国物流市场的国际物流企业多将其服务网络铺设在东部沿海地区，如马士基、UPS、EXCEL、Fedex、DHL 等大批国际知名的物流企业都在东部沿海地区建立了业务网络；另一方面，新兴的民营物流企业也大多将其落户地选在东部沿海地区。

我国第三方物流企业主要集中在珠江三角洲、以沪宁杭为中心的长江三角洲和京津唐环渤海地区。形成这一格局的原因主要如下：第一，从经济总量来说，东部沿海地区是我国经济最为发达、增长速度最快的区域。高速增长的区域经济创造了巨大的物流需求、促进了区域物流市场的繁荣，从东部活动的密集程度看，东部沿海地区正在形成环渤海、长三角和珠三角三大物流经济圈。三大物流经济圈具有强大的物流集散与辐射功能，是融通全国物流、人流、信息流的关键枢纽，已经成为我国现代物流业发展的增长极。第二，从经济结构和经济发展的阶段来看，东部沿海地区处于经济发展的更高阶段，第二产业和第三产业都远比中西部地区发达。第三，从需求来看，东部沿海地区是我国生产制造业和商业中心的集中地，规模较大和实力较强的企业多数都分布在这一地区。第四，从分工和专业化程度来讲，东部地区的分工和专业化程度更高，而物流是分工发展到一定程度才生发起来的。第五，从物流能力来讲，东部沿海地区物流基础设施较为完善。

（五）不同行业其物流外包的意愿和程度不同

从不同行业情况来看，总体来讲，工业企业在寻求物流服务时，同商业企业相比，更愿意借助第三方物流和进行物流的外包，连锁超市、家电、汽车、石化、电力、日化、医药、烟草等行业的物流需求释放快于其他行业。

（六）不同类型的企业物流外包的发展也有较大差异

外资企业成为物流需求增长最快的客户，中外合资、外商独资与股份制企业的物流需求大于国有独资企业与民营企业。据《国际商报》主持的跨国公司物流服务需求调查报告统计，来华跨国公司的物流外包比例高达 90% 左右。新兴企业正在成为第三方物流服务需求的重要来源。特别是通信、电子类企业、零售连锁企业，如联想、国美电器、搜狐等一批新兴企业，随着经营规模的扩大，纷纷借助第三方物流的专长，在激烈的市场竞争中寻求优势。传统企业越来越多地加入第三方物流服务需求企业的行列。

部分国有大型企业开始打破"大而全"的传统观念，着手对传统物流管理模式进行改造，逐步剥离物流资产，实现物流外包。特别是汽车、家电、医药、饮料等行业的大型企业，如长虹电子、石家庄制药、青岛啤酒等都开始使用第三方物流。

第三节　我国物流产业的效率分析

随着一国的经济发展与分工深化，国民经济对物流的依存度会日益提高。当市场范围不断扩展，全国性市场渐渐成形，并日益纳入全球经济体中，物流活动在经济体中的重要性越来越大，以至成为一国经济效率的重要因素，我国也不例外，目前我国物流组织的效率从发展态势上来说是好的，物流成本在逐年下降。但同发达国家相比，问题就变得严重起来。事实证明，高昂的物流成本已经成为制约我国企业国际市场竞争力的最重要因素之一。

一、我国物流产业的总体规模

2022 年，全国社会物流总额实现 347.6 万亿元，按可比价格计算，同比增长 3.4%。社会物流总费用 17.8 万亿元，同比增长 4.4%。社会物流总费用与 GDP 的比率为 14.7%，比上年提高 0.1 个百分点。

商贸物流实现略微增长。社会消费品零售总额 43.97 万亿元，同比下降 0.2%，但全国商贸物流总额达 120 万亿元，小幅增长 0.2%。

商贸物流网络持续完善。2022 年，新增农产品冷库库容 1080 万吨；建设各类县级物流和寄递配送中心 1500 个，乡镇快递和邮件处理站点 7600 个，95% 的行政村实现快递直达。城乡商贸物流网络与国家综合运输大通道及物流枢纽衔接更加紧密。

商贸物流效率保持稳定。中国物流信息中心初步调查显示，2022 年重点批发零售企业平均物流费用率比上年增加 0.1 个百分点，增幅与全行业情况一致。

保通保畅保供成效显著。商务部协调疫情较重地区主要保供商贸企业与周边省份大型农产品批发市场建立产销对接关系，根据需要及时组织跨区域调运；指导地方完善应急保预案，推动兜底民生保障的商业网点和物流配送站点应开尽开，保供人员应出尽出。

从重点领域发展情况看，商贸物流发展呈现出一些新特征。

批发零售物流展现新活力。各大企业纷纷布局前置仓、仓储会员店等，传统商超物流向仓配一体转型。即时配送成为电商物流新增长点，用户规模和订单数量保持快速增长，配送商品品类不断扩展。

餐饮、住宿业物流寻求新突破。预制菜和外卖物流需求增加，为餐饮物流复苏注入新动力。酒店等住宿行业充分整合供应链资源，供应链风险识别和应对能力明显提升。

进出口物流量质得到新提升。中欧班列高效运行，开行数量和发送量取得双增长。航空物流稳步复苏，企业进出口航空运输成本回归正常。跨境电商快速发展，海外仓建设扎实推进，我企业建设运营海外仓超过 2400 个，面积超过 2500 万平方米。

冷链物流补短板取得新成果。2022 年我国冷链物流市场规模达到 4916 亿元，同比增长 7.2%。公共型冷库总容量和冷藏车市场保有量大幅增长。冷链企业加速从小、散、多、乱向规模化、集中化方向发展。

农产品物流总额实现新增长。农产品批发市场交易量平稳增长，流通效率有效提高，农产品物流需求潜力进一步释放。根据中国物流信息中心统计，2022 年，我国农产品物流总额达 5.3 万亿元，同比增长 4.1%。

商贸物流技术标准激发新动能。商贸物流数字化和智能化水平不断提升。智能立体库建设加快推进，无人配送市场规模持续扩大，智能末端配送设施布局更加完善。全社会标准托盘保有量超 6 亿片，托盘标准化率达到 35%，商贸物流效率得到进一步提升。532 我国物流产业的整体效率

由于资料搜集的困难，我们无法寻找到度量物流产业效率的所有指标，在本书中，主要使用物流成本、货物周转量、工商企业库存量三个指标。通过对这三个指标的分析，基本能够反映物流产业的整体效率。近年来，物流整体效率在提高，表现为物流成本有所下降、企业及货物的周转速度有所提高。

（一）社会物流总成本

国际物流界通常将社会物流总成本与 GDP 的比例作为衡量一个国家物流发展水平的标志。从近十几年的情况来看，我国社会物流总成本与 GDP 的比例呈逐渐降低的趋势。在物流需求规模增长明显快于 GDP 增长的情况下，这一比例逐渐降低的趋势，表

明我国物流业的运行质量有所提高，意味着社会物流直接经济效益在不断增加。

1. 物流成本呈下降趋势，物流效率有所提高

中国社会物流成本水平稳步下降，2021 年，社会物流总费用与国内生产总值 (GDP) 的比率为 14.6%，较 2012 年下降 3.4 个百分点，与主要经济体差距不断缩小。

国家发改委举行《"十四五"现代物流发展规划》（以下简称《规划》）有关情况发布会，张江波在会上如是说。

但他同时指出，由于生产生活方式改变带来的多批次、小批量物流快速发展，劳动力、土地等资源要素成本不断上升，中国物流降成本工作面临更加严峻复杂的挑战。特别是今年上半年受新冠疫情影响，交通物流运行受阻，社会库存高位运行，物流保管费用明显上升，社会物流成本水平出现阶段性上升。

《规划》将"推动物流提质增效降本"作为"十四五"时期中国现代物流发展的重要任务，明确提出到 2025 年，社会物流总费用与 GDP 的比率较 2020 年下降 2 个百分点左右。

《规划》重点从巩固减税降费成果、更加突出提质增效、推进深层次降成本三个维度加大政策引导。例如，重点聚焦全链条降成本、系统性降成本，强调通过提高物流发展质量、增进物流效率来推动降低社会物流成本水平。

一方面，推动解决跨运输方式、跨作业环节瓶颈问题，扩大低成本、高效率干支仓配一体化物流服务供给；另一方面，进一步优化货物运输结构，合理有序推进大宗商品等中长距离运输"公转铁""公转水"，推动铁路货运量占比较 2020 年提高 0.5 个百分点，集装箱铁水联运量年均增长 15% 以上，促进以压缩物流各环节绝对成本为导向的"数量型降成本"，向以完善物流运行体系、提高物流质量效率为重点的"系统型降成本"转变。

2. 物流成本仍然偏高，尤其是和发达国家相比

从社会物流总成本与 GDP 的比例关系看，我国的这一比例目前仍高达约 18%，比美国、日本等物流发达国家高出近一倍，说明我国社会物流业总体水平仍然比较落后，同美欧日等发达国家相比，我国物流总成本与 GDP 的比例要高出 10 个百分点左右。这一方面说明我国与发达国家在物流运行的质量和效益方面确实存在明显差距；另一方面说明由于产业结构和经济发展阶段的不同，我国与发达国家存在一定的不可比性。从 GDP 的构成看，美、欧、日等发达国家第一、二产业仅占到 20% 左右，第三产业高达 80% 左右。如果将社会物流总成本与第一、二产业 GDP 相比，当前我国物流发展水平不高，效率偏低，经济发展的物流含量偏小。

美国物流成本占 GDP 的比重比较低，并且还处于不断下降的趋势，从这一点来说，

其物流业发展已经达到全球领先的水平。在美国，物流业被认为尚处于发展期，但已经具备较高的发展水平。

（二）货物周转量和物流周转周期

货物周转量是运输企业所运货物吨数与其运送距离的乘积，以复合指标吨公里或吨海里为单位表示，它是货物运输产品数量的实物指标，综合反映一定时期内国民经济各部门对货物运输的需要及运输部门为社会提供的货物运输工作总量。

近年来，我国各种运输方式的货运量和货物周转量均呈现递增态势，在一定程度上反映物流总量规模稳步提升。2021年中国水路货物运输周转量为115578亿吨公里，同比增长9.2%；公路货物运输周转量为69088亿吨公里，同比增长14.8%；铁路货物运输周转量为33238亿吨公里，同比增长8.9%。其中2021年中国水路货物周转量最多地区为上海——33018.3亿吨公里；广东地区水路货物周转量为24688.5亿吨公里。2021年中国公路货物周转量最多地区为河北——8650.1亿吨公里；其次是山东地区公路货物周转量为7517.6亿吨公里；再次是河南地区公路货物周转量7026.3亿吨公里。我国工商业企业周转速度也有所加快，周转周期有所缩短。

（三）工商企业库存

从中国仓储协会2005年第六次中国物流市场供求状况调查报告中可以看出，由于越来越多的企业开始关注物流的潜在利润，2005年中国工业企业物流运作状况大有改善，企业库存状况有很大改观。中国仓储协会的调查表明，78%的生产制造企业原材料库存期在一周到3个月以内，约65%的生产制造企业成品平均库存期在10天至3个月，90%的商贸企业商品销售库存期为1周至3个月。与第五次调查数据比较，库存周期在10天以内的企业比例大幅上升，生产制造企业原材料库存与成品库存周期都有明显下降，商贸企业库存周期也有较大改善。

但是，商品库存发生变化的多是现代零售业企业或连锁企业或现代批发配送企业，而现代连锁经营销售仅占中国社会消费品零售总额的10%左右，还有更多传统经营的商业企业，需要导入现代经营管理，为规范订货，定时、定量、准确、不退换货或少退换货等开展合理库存、节约成本的空间还很大。另外，即使较好的商业企业商品库存虽然发生了较大变化，但与经营好的外资零售企业的商品库存相比，在时间、周期方面，内资商业企业仍然较长，尤其是传统商业企业加快库存周转仍任重道远。

二、物流成本高是影响我国经济效率的重要因素

在我国目前的工业企业中，物流占整个生产周期90%的时间。时间的占用也就意

味着降低了资金的周转率，需要更多的保管成本，并占用大量的流动资金。物流成本过高成了中国工业发展的巨大障碍。中国有广阔的消费市场、较低的劳动力成本，同时又有较强的柔性生产能力和完善的工业配套设施。这些都是制造业飞速发展的肥沃土壤，但同时弱势也不容忽略。中国的工业企业物流成本过高和物流企业管理分散，成为中国制造业发展的巨大障碍。另外，基础设施薄弱和人才结构不合理也在一定程度上影响了中国制造业的发展。要想成为世界第一制造业大国，必须寻找中国制造业自己的发展战略.2002 年企业物流的快速发展成了中国制造业的一大亮点，中国的制造企业在经过单纯追捧物流概念各自投资搞物流后，走向了实实在在的关注如何进行技术改造、加强物流管理以降低自己的物流成本的道路。

中国的工业发展达到了一个新的高度，得到了快速发展。然而，在这一系列辉煌的成果背后，中国工业企业所获得的利润并不高。中国出口的大多数产品由外商负责物流运作，进口商品也是 80% 以上按到岸价格结算——由外商提供境外物流服务。正是由于我们在整个价值链中的分工处在低端，经济的高速增长并没有得到应该得到的效益。

上面的问题反映出中国工业发展存在两大制约因素。第一，生产的劳动力成本虽低，但物流成本却很高，影响了企业的整体竞争力。上海经贸委的一项调查指出，上海企业的物流成本相当于销售额的 18%，而美国和日本分别是 5% 和 11%，其中主要是周转慢、损耗高，结果抵消了劳动力成本低的优势。第二，"中国制造"缺少"中国物流"的支撑，企业获得的附加值低。

据统计，中国一般工业品，从出厂经装卸、储存、运输等各个物流环节，最终到消费者手中的流通成本，约占商品价格的 50%，而石油、某些化工产品的流通成本，有时高达 70%。中国汽车零配件的生产中 90% 以上的时间是储存、装卸和搬运，这些成本和时间上的消耗及大量存在的库存为工业物流的发展留下了巨大的空间。特别是越来越多的跨国企业不仅带来了先进的技术和雄厚的资本，同时带来了优秀的物流管理与运作经验。在面临巨大竞争压力的情况下，更多的企业逐渐把目光转向物流管理。

第七章　多维区域物流网络系统的网络结构研究

本书所研究的"物流网络"不是指企业内部的物流网络或者某一类行为主体的物流网络，而是基于物流网络系统中多方主体在空间层面的网络化形态演化，各维度主体将其拥有的资源在空间内分布，由此形成各维度网络的资源节点，通过各类作业活动将这些资源调用连接，构成区域物流网络中的各维度子网络，各主体子网络相互关联而形成一个有机整体网络系统。这是区域物流发展未来趋势的基本表现形式，研究其形态、特征，有助于科学规划、建立和完善区域物流网络体系的构建。

根据体系中的行为主体要素，建立物流服务运营商网络、物流服务需求者网络、政府组织网络、物流开发建设商的基础设施网络及协调管理者的信息网络，进行空间形态上的分析，并根据上述要素的关联分析，对这五个维度的子网络进行整合，构建现代多维区域物流网络体系的空间形态模型。

第一节　物流服务运营层网络结构

一、物流服务运营网络的空间形态模型

（一）空间形态模型

物流服务运营者网络层是区域物流网络系统中的一个子网络，以物流服务组织作为节点、这些组织之间的关系作为连线构成。首先，将每个能够独立承担物流服务业务的物流组织作为网络基本节点，这些节点可以是物流企业及相关办事部门或者企业中的物流部门，可以是从事某环节物流服务活动的企业，也可以是综合性的物流企业。这些众多客观存在、独立的节点通过资源的整合，打破单个物流组织节点边界，由互不相交发展为相互关联与协同，形成更有效率的网络化扩张和联盟形态，共同为客户提供一体化的物流服务。

（二）空间形态类型

存在两种网络化的空间形态：一种是节点企业进行自有网络化扩张，在图中采用实线连接；另一种是通过联盟关系形成合作网络，在图中采用虚线连接。

自有网络化扩张过程中，物流企业根据物流要素的流动路线或规模需要在不同地域设置分支机构，并根据企业网络范围和完善程度进行优化，形成等级体系。不同的企业部门承担不同的物流功能，共同分工协作完成整体物流活动。自有网络扩张的过程中节点位置相对分布离散，服务范围越大的企业就可以在越大的区域范围内布局作业节点。

联盟网络化过程中，可以基于空间集聚联盟合作，可用于节点作业活动的联盟合作，也可以跨越较大空间联盟。

进一步分析，联盟的虚线连线形态又分为两种：第一种是王国式联盟网络，即大量中小型物流服务节点围绕核心的大型物流服务节点。

二、物流服务运营网络的演化过程

物流服务网络化是现代区域物流发展的需要和趋势，可以形成规模化、协同化的系统优化效应。其发展过程经历了四个阶段。

第一个阶段是物流服务网络化的孕育阶段。此阶段区域内的服务组织数量不多，随机分散在区域不同地方，物流活动范围和服务规模也不大，主要服务于周边物流，并且各物流组织相对独立运作，它们之间的合作关系较少。

第二个阶段是物流服务网络化的萌芽阶段。随着地区经济的发展，出现经济增长极点，在该增长极区域内的物流需求不断增多，相应的物流服务组织数量逐渐增多，在空间上集聚，此阶段出现少量的分工与合作关系，比如仓储企业与运输企业合作。

第三个阶段是物流服务网络化的成长阶段。这一阶段物流活动范围扩大，有一些发展规模较大、服务能力较强的物流组织开始扩张到其他地区范围。自有网络扩张过程中，以某项具有竞争力的核心业务为基础进行，例如以快递业务、终端配送业务等核心优势业务，可以实现企业内部网络的资源流动，充分发挥人力资源、客户资源、市场形象等无形资产资源的作用。这一阶段的联盟合作也逐渐广泛，除了空间集聚的企业进行联盟合作以外，跨及不同地区的物流企业也开始进行联盟合作。

第四个阶段是物流服务网络化的成熟阶段。随着区域经济发展由增长极发展到经济圈以及全球化经济发展形势，物流服务的活动范围更广，服务要求更专业化，服务规模更大。这同时也对物流服务企业的迅速扩张以及物流产业集群化发展合作提出了迫切需求。这一阶段网络化的模式更为广泛和灵活。首先是企业自有网络扩张的模式多样化，企业除了采用直营扩张方式以外，还采用了参股、加盟、兼并等多种方式在其他地区发展自有网络节点，扩大自己的市场影响力。在自有网络扩张的同时，也寻求与其他物流企业的合作，以弥补物流企业自有网络经营范围的局限性。众多的物流企业基于各自核心优势业务网络进行协同合作。这一阶段的联盟合作也逐渐普遍存在并且形式多样化，其中包括企业之间的联盟和不同物流组织二级节点间的联盟，打破了传统物流组织结构边界。此阶段的节点数量较前一阶段减少，因为部分规模较小或者作业能力低劣者被淘汰，有些联盟关系终止，有些联盟关系经过长期合作变得稳定，这也是物流服务网络发展到成熟阶段的优胜劣汰的产物，整个网络系统将变得更加高效和有序，由此发展成为较为成熟稳定的物流服务运营网络。

三、物流服务网络形成的路径类型

可根据物流服务中网络节点的隶属关系即权力关系，分为物流企业内部网络发展和外部网络发展，分别是自有网络扩张和联盟网络化发展。

（一）自有网络扩张

自有网络扩张主要通过物流企业内部不同的职能部门或分支机构在各个地域进行网点布局完成，网络节点主要分为以下四种基本单元：企业总部、分公司、子公司、办事处和业务受理点。这四类网络节点承担各自功能，而且有不同的规模等级，隶属于一个法人主体，由其全资建造直营，或者由主体企业控股、参股。

企业总部是物流企业网络化发展的核心，通过战略规划、财务管控、市场扩张等方式，促进有形资源和无形资源在企业自有物流网络中的合理配置和利用，影响整个企业自有网络的发展，具有决策中心、资源调配中心和信息中心的地位。

分公司和子公司是网络节点的重要组成单元。分公司由总部全资运营，子公司可以由当地企业加盟，总部以品牌、管理和资金进行控股或者参股。对分公司和子公司划分物流服务区域范围，在空间上相对独立分散，在企业总部发展战略指导下，根据所在区域的市场特点，进行市场开拓和物流服务作业，并与企业总部全面联系，配合完成企业网络内的各项物流服务活动。

办事处和业务受理点也是物流服务网络节点的组成单元，属于分公司或者子公司在该区域不同地点的分支机构，同主要客户及政府等机构进行联系，负责具体物流作业活动的操作。

自有网络扩张的特点是享有品牌、人员、管理等资源，战略决策统一化，文化管理一致化，网络节点关联更加稳定和紧密，但是在迅速发展过程中要注意加盟企业和参股企业节点的管理和作业能力监督。

（二）联盟网络化发展

对于综合型的物流服务企业能够通过自有网络完整地完成一体化物流服务，但是对仅具有某环节核心优势的物流企业而言，需要通过联盟合作，弥补自身网络的不足。联盟的方式也灵活多样，下面分别从作业环节、服务范围、联盟的核心组织类型这三个角度，进行联盟类型的说明。

根据作业环节的分工合作，可以分为纵向联盟和横向联盟。纵向联盟是指不同的服务节点负责完成物流活动价值链的某一环节，如运输业、仓储业、加工业等各环节构成物流服务价值链，各节点分工合作，形成功能完善的物流服务链，此种联盟方式有助于各服务节点专注做好某环节的物流服务，资源优势互补，实现高效和专业。横向联盟是不同的服务节点共同完成物流链中相同的物流业务环节，此种联盟方式实现整体服务规模增大，使无法获得内部规模经济的节点单元通过合作实现规模经济，获得协同增益。

在作业环节的基础上结合节点所在区域及服务范围：纵向联盟、横向联盟、互补型联盟、共享型联盟。其中前两种已经说明，互补型联盟是不同作业环节且在不同地区经营的节点进行联盟合作，如内地运输与沿海保税仓库合作对接，干线运输与区域终端配送环节连接等。共享型联盟是相同作业环节，但网络覆盖面不同的联盟合作。此类联盟可以让具有相似功能的资源在不同的区域间流动，共享使用，充分利用，如交通运输工具进入不同区域后进行联盟合作承接业务，可减少不满载或空载返程率等。

最后，根据联盟的核心组织类型来分析联盟的类型。一是以中介组织为核心的联盟合作形态。例如，"全球物流网络"和国内的"全国物流园区（基地、中心）协作联盟"等各种物流联盟组织都是以中介组织为核心的联盟形态。"全球物流网络"由40多个国家的优秀国际物流公司组成，为客户提供标准的服务平台，客户可以得到全球标准化的一站式全程物流服务。"全国物流园区（基地、中心）协作联盟"由中国物流与采购联合会发起并于2005成立，已形成一个开放式、松散型的交流平台，成员单位尝试信息交流、业务合作、资源共享，已取得实效。二是以龙头服务企业为核心的联盟合作形态，即前文所提到的王国式联盟网络，多个中小型物流服务节点分包运行龙头企业的部分业务环节获得利益分配。三是以集团总部为核心的联盟发展，通过加盟、兼并、控股、参股等方式发展分公司、子公司、办事机构等服务节点，即前文所提到的自有网络扩张的网络发展形态。四是以市场客户为核心的联盟合作形态，这些服务节点聚集在客户节点周围，进行仓储、加工配送、运输等环节的物流作业。五是以物流网络系统协调管理者为核心，各类物流服务运营组织加入该管理平台，通过协调管理者的统一调配进行协同运作，这种类型也是目前大规模物流网络系统运营的主要模式。

四、物流服务运营网络层特征

本书研究的物流服务运营网络是一个包含各种物流组织形态的无边界开放性网络。在该网络中，物流服务节点类型多样化，节点连线可以动态重组，灵活建立分工合作关系，充分共享信息和资源并获得系统增益。该网络具有以下特征：

（一）网络复杂性特征

物流服务运营网络层的复杂性主要表现在节点类型的多样性、节点关联结构的复杂性、网络连接的多样性和网络结构的动态演化性。在充满不确定性的动态环境中，各类物流服务组织通过多种联盟方式和网络扩张方式进行网络节点布局和连接，并协同完成各类物流服务任务。这些节点数量、规模和功能不断变化，节点之间的关联关系也不断产生终结和新的开始，逐渐呈现出复杂的网络形态。

（二）网络开放性特征

在物流服务运营网络中的每个服务节点不是孤立存在的，而是作为一个开放的主体从外部获取信息和资源，并与其他节点共享自有资源。这些节点与企业内部物流相比，更具有开放性，是社会化和市场化的服务运作，并专注做好某一环节或者多个环节的物流服务工作，打破节点边界对外寻求合作伙伴，打破区域限制在更广泛的空间内建立合作关系，将网络节点置身于更大的服务网络中。例如，节点作业组织之间纵向和横向合作、运输作业组织之间实现多式联运，节点作业组织和运输作业组织之间实现纵向合作，促使联运合作的物流服务网络的覆盖范围和作业能力大幅提高，在节点自身优化的前提下实现系统规模效应和帕累托优化。

（三）网络虚拟化和柔性特征

网络中各节点具有不同的物流服务功能及核心能力，通过契约合同、信息网络技术进行连接和协调合作，实现物流服务运营网络虚拟化运作。这些网络节点具有较强的自我学习能力，不断提升管控和利用内外部资源的能力，不断扩张知识结构，增强变革与再生能力，从而使虚拟化的网络形态更具柔性，各节点能够根据市场需要快速做出自身资源和结构调整，这种调整的自适应性、敏捷性与灵活性使得物流服务运营网络更具有区域竞争力。

五、物流服务运营网络层构建实施

物流服务运营方在今后的发展过程中，必须通过各种途径的合作，使自身成为更大网络范围中的一员，通过更大的资源平台开展运营活动。这一过程的实现需要科学化的逐步实施和运营管理。下面分为三个阶段来进行管理分析。

（一）第一阶段：战略规划设计

物流服务企业根据企业的战略目标和发展要求，进行不同区位的节点布局，进行节点的选址、数量、规模、功能等规划设计，这是物流运营网络构建的基础阶段。

首先是发展战略目标中需要明确服务范围、服务功能和发展定位。服务范围是市内、省内、省际、全国还是国际，服务功能包括运输、仓储、加工配送中的哪个环节或者哪几个环节，发展定位是期望占有多大的市场份额、希望树立的市场地位和形象如何，制定阶段性发展战略目标。

然后根据服务范围进行网络节点发展的选址。根据服务功能规划确定该节点的作业类型、设备设施类型和应聘人员职能要求。根据发展定位、预期的市场份额和市场地位预测所在区域的作业任务量，确定节点发展的规模，包括该节点应聘的工作人员数量、投资规模、设施设备数量。

（二）第二阶段：网络构建实施

为了实现第一阶段的网络规划，实施过程中除了凭借企业自身资源以外，还需要借助其他网络节点的资源，进行联盟合作。因此，此阶段的主要任务就是实施完成战略规划设计。

在网络构建实施的过程中，注意节点扩张的速度、节点质量和连线关系的稳定性。节点扩张的速度需要在企业管控能力范围内，保证节点的运作能力和服务质量。另外，在选择合作节点建立联盟契约关系时，也需要对合作方进行评价选择，通过优质资源的合作才能建立较为稳定的关联关系。

（三）第三阶段：反馈、调整与变革

网络构建实施后，需要对运行效果进行评价反馈，找出问题原因进行改善，不断地调整优化。另外，物流服务企业的内部资源会不断变化，外部的市场需求和竞争形态也会不断变化，企业需要调整和变革网络发展的规划设计和实施模式，实现动态适应，使服务运营网络实现可持续发展。

在构建时可以通过以下几类指标辅助决策和评价构建效果：

①市场环境类指标：所在区域的三次产业 GDP、重点产业及其产量、人口数量、物流基础设施完善度（出点设施和交通通道的数量规模）。

②成本类指标：人员数量、人员成本、税收、运营成本。

③竞争类指标：该区域同类物流企业数量、竞争者作业能力规模。

④收益类指标：预期市场份额、预期作业量、预期收益。

⑤网络化发展指标：参与联盟的组织数量、信息化程度、信息共享水平等。

通过对以上指标的调研收集和分析，选取可获益的市场区域进行网点布局，根据该区域竞争情况制定竞争策略，以获得更多的市场份额和作业量，并通过网络化发展，整合资源，培养自身核心优势，增强市场竞争能力。

第二节　物流基础设施层网络结构

一、物流基础设施网络的空间形态模型

物流基础设施网络和物流基础设施具有不同的含义。基础设施是该网络中客观存在的基本组成元素，物流基础设施网络是集合物流节点设施和线路设施的有机整体，其关键在于如何通过信息技术和组织协调管理，使分散的、独立运作的物流基础设施共同为网络化协同运作提供资源、场地，充分发挥单个的物流基础设施的作用，并作为物流基础设施集成体共同服务区域物流。

（一）空间形态模型

本层网络中的节点包括物流园区、物流中心、配送中心、码头、港口、货场等各类节点设施实体，连线包括铁路、公路、航道、航空等各式交通通道，连接节点设施以实现节点之间的物资流动，构成物流基础设施网络。物流活动范围的发展重点取决于交通线路的延伸扩展，节点基础设施的选址一般设置在交通线路上及多条交通线路交会处。

该空间形态模型根据运输交通线路的不同设置四个层面，每一类运输线路都有其相应的节点设施。

①铁路基础设施网络是依托铁路路网，在沿线城市和地区建立铁路货运站、堆场等。

②公路运输线路上分布着物流园区、物流中心、配送中心、仓库等。公路运输网络可作为连接其他网络的基础运输网络，将物流园区的货物通过公路运送到机场、铁

路货运站、港口码头，再转为其他运输方式，或者将机场、铁路、码头的货物通过公路进行终端配送。因此公路网上分布的节点设施是种类最丰富、数量最多的。

③水运运输线路包括内河航线和国际海洋航线，在我国长江沿线和沿海城市分布着多个港口码头设施。

④航空运输网络的节点设施相对于其他类别的数量较少，一般在一个城市有1~2个航空货运站。航空航道连线比其他方式更为直接，基本可以实现点到点的全通道网络直线到达。

这四类运输方式的节点设施在空间上也相对集聚，便于多式联运，如港口码头的后方建立综合物流园区，实现区港联动，物流园区选择建在方便通往机场和铁路货运的公路枢纽上。因此，四类节点设施都会选择建在公路交通通道附近，或者在这些节点设施位置修建公路通道，通过多种方式联运实现门到门的物流服务，构成覆盖全国的综合立体物流基础设施网络。

（二）空间形态分类

节点和连线设施组成要素在空间内的排列方式构成了物流基础设施网络的拓扑结构。

合理的拓扑结构由区域地理环境、综合运输网络、产业布局等因素决定，因此不同类型的区域呈现出以下空间布局形态类型：

环行外侧辐射型：在区域各方向综合主干交通枢纽交会处附近或大型工业产业区布设综合型物流园区，在区域内环交通支线和大型市场附近布设物流中心，区域城市内部布置终端配送中心，此空间形态类型多出现于内陆区域。

扇形单侧辐射型：在区域单侧方向布置大型物流园区，并逐渐向区域内布置物流中心等其他节点设施，依托港区沿航岸线布设大型物流园区，通过陆、空交通通道向区域腹地方向呈扇形辐射。此空间类型多出现于沿海区域。

轴线双向辐射型：物流园区沿交通干线轴分布，交通干线轴贯穿整个区域，在垂直于干线两侧延伸的交通支线上分布物流中心，物流沿轴线及其两侧辐射。此种空间类型一般出现在中等城市区域，交通网络较为简单。

二、物流基础设施网络的空间演化过程

物流基础设施网络化空间形态的演化形成过程，是物流设施要素在空间上不断集聚、扩散和关联的过程中实现的。随着物流的点状聚集点的辐射作用增强，逐渐连接成线状集聚带上的一部分，物流设施集聚点的数量不断增多，并通过成熟发达的各式

交通网络关联，最终进化形成综合立体的物流基础设施网络。因此，可将物流基础设施网络的空间演化分为基本聚集、线状延伸、带状辐射、综合网络四个步骤。

（一）基本聚集

随着城镇物资交换的驱动，物流资源开始在城镇内聚集，相关基础设施在城镇地区内建设，如港口、码头、仓储等，辐射范围集中在区域较为狭小的城镇区域，是网络化发展的起步阶段。

城镇中建设和汇集的设施节点不断增多，并发展到具备综合职能和高效率，成为聚集周边经济区域内物流经济活动的物流枢纽，集物流转运、存储、加工、配送等职能于一体。该枢纽集合体具有极核作用，对周围地区的物资流动产生吸引、辐射和带动作用。

（二）线状延伸

城镇之间的物流资源交换逐步发展频繁，因此在某些重要城镇之间修筑了公路、铁路、内河航道等交通通道。物流资源沿着交通路线进行，因此在交通通道沿线出现相关设施节点，节点布局呈现线性通道特征。

物流通道将两端及中间若干城镇连通起来，促使物流设施节点在物流通道的线状区域进一步聚集发展，物流线状延伸是物流节点聚集区和交通通道建设的协同发展的结果。

（三）带状辐射

在物流基本聚集和线性延伸的基础上，交通通道的节点地区依托经济发展不断发展成为更多的枢纽极核，这些枢纽极核的辐射能力更强，辐射范围包括枢纽所在城市、城市周边经济腹地及城市所在经济圈等更宽广的腹地。

在这些辐射腹地区域内，出现进行对接业务的物流节点设施，由基础设施线状布局相连接和若干腹地中的节点共同组成带状辐射阶段的空间形态，这是物流设施辐射和能力升级的结果，使相邻中心城市及其经济腹地联合成为物流基础设施协同服务区域，是基础设施网络化发展的重要基础。

（四）综合网络

不同方向、不同类型的交通通道逐步建设完善，更多的城镇通过交通网络连接，主要城市地区之间的交通通道扩建升级为交通主干道。其他城市之间也建立交通支线通道。四通八达的交通线路促进城市地区之间的物流交流活动，也促进这些城市的物流设施集合发展成为城市物流枢纽，超越经济带状布局形态，组成更为广泛和复杂的物流基础设施网络。

此阶段更多城镇的物流节点或枢纽基地，连同海、陆、空各式交通通道组成区域综合物流基础设施网络，保证区域内具有便利灵活的物资流动通道，实现点—点协同、点—线协同和线—线协同，促进物流经济要素在本区域的集聚密度提高，具有巨大的物流经济吸引力和辐射力，是区域物流协同发展的高级阶段。

综上所述，区域物流基础设施网络的形成是以区域中功能多样的物流节点、较为完善的各式交通通道为基础，通过基本聚集、线性延伸和带状辐射的发展阶段，依托点、线设施综合协同运作而形成的立体空间实体网络，能促使区域物流活动呈现出高级化协同发展。

三、物流基础设施网络形成的路径类型

物流基础设施网络形成中，节点和连线设施的建设是网络形成的基础，因此我们首先分析建设模式。但是这些设施如果仅在空间上连接，不能从本质上成为相互关联的集合体，因此还需要研究这些设施之间如何关联协同，成为一个有机的整体，这就需要进一步分析这些设施的关联模式。因此，建设模式和关联模式共同构成了物流基础设施网络的发展路径。

（一）网络建设模式

该类资源的特征是建设规模大，投资金额大，资本回收周期长。如果建设模式仅仅依靠政府或者单个企业，便局限了资金的来源，限制了建设发展速度，增加了建设项目负债率和金融风险，因此应该采用多种建设模式，广泛利用社会资源。主要可采用四种建设模式，即政府引导的经济开发区建设模式、主体企业建设模式、工业地产商建设模式和 PPP 建设模式。

经济开发区模式是指政府作为投资主体，负责开发建设。为促进当地经济产业发展，政府通过物流设施建设项目吸引产业入驻。物流园区等设施项目具有经济带动功能和物流服务功能双重特性，在特定的政策、专门的开发规划和专门负责部门的条件之下，可作为经济开发区项目开发建设。这种开发模式的优势在于政府自行投资，取得整个项目的所有权和管理权，能够从地区经济发展全局规划，保证物流设施项目的定位和功能得以实施，配合产业发展需要，真正带动区域经济发展。这种开发模式的不足之处在于政府派出的项目管理机构要承担全部的风险，对人员班组和资金的要求较高，派出的班组人员如果不能保证其专业性和经验性，可能导致项目运作失败，不能保证

项目有效运营。另外，由政府主导的融资渠道较为单一，主要为银行贷款。此模式适用于开发综合性、公益性较强的物流设施项目，此类物流项目对区域经济具有较大的推进作用，并且当地政府部门拥有足够的资源独立投资开发。

主体企业建设模式是指政府提出整体规划需求和宏观政策，通过优秀的物流服务运营企业进行项目的投资和开发建设。此种模式从市场经济发展及有效配置产业资源、整合物流市场的角度，选择物流服务经营和企业供应链管理中具有优势的专业化物流公司，由其作为单一或者核心主体负责项目投融资和建设。这种模式的优势在于充分发挥和利用了物流公司的专业管理能力和多元化融资能力，实现了物流基础设施项目的专业化、社会化和市场化。政府无须投资，只负责整体规划，将整体项目发包给企业，在宏观上进行调控，保证项目功能设计符合经济发展需要，政府的财政状况不受影响，可实现企业和政府的双赢。这种模式的不足之处在于政府没有所有权和经营权，对于项目的建设开发不能很好地管控。由于企业急于收回资金、追求利润最大化，在设施项目的经营过程中可能会偏离最初目的，从而不能很好地起到带动区域物流发展、服务区域经济的作用，主体企业引导模式对物流企业的要求较高，适合有巨大物流作业量和资金、人力等丰富资源的大型物流服务专业公司。

工业地产商建设模式是指将物流建设项目按照工业地产项目的形式开展，政府给予工业地产项目开发的土地政策、低廉的税收优惠和优厚的市政配套等，由工业地产商进行投资和建设仓储设施、基础性装备等物流基础设施，然后通过租赁、出让、合资和合作经营等方式来经营和管理。该模式的优点：获得的土地、配套和系列优惠政策可以降低用地投资成本、配套建设成本，能较好地满足开发商的利润获取要求。该模式的缺点：政府主导权弱化，物流建设项目可能会偏离设定的功用而变成纯粹的地产项目。开发商以销售作为盈利的主要手段，失去原有物流规划的土地价值。工业地产商建设模式适用于服务主体和功能类型较为统一的物流建设项目，因为工业地产商开发建设项目后，一般不自营物流，而是将物业出租。复杂的项目规划对工业地产商的专业运营能力要求较高，相应的运营风险也会提升。

PPP 开发模式（Piiblic-Private-Partnership）是指政府与企业就提供物流基础设施、设备和相关服务达成一致安排，政府和企业共同投资、共享回报、共同承担风险和运营责任。在实际运作中，政府和企业共同专门建立一家公司，由这家公司来承担物流建设项目运营等管理任务。该模式的优点在于可以消除费用超支，消除项目完工风险，有利于转换政府职能，减轻财政负担，促进投资主体的多元化。并且利用企业来提供专业管理过程的同时又有政府参与监管，以保证整体效益目标实现。政府部门和企业可以取长补短，组成战略联盟，对协调各方不同的利益目标起关键作用。该模式的不足之处在于投资多元化、管理多元化对多方利益体之间的协作难度提出了高要求，多方主体如何分清责任、利益和风险担当是该模式成功运行的考虑重点。PPP 建设模式适用于地方政府没有足够的资金和能力建设，同时也没有合适企业来开发建设的情况，由政府与企业共同努力完成项目。

综合建设模式是将某个物流设施项目分解为若干子项目，可综合采用上述四种模式，即根据不同功能分区或项目具体情况分解，分别以经济开发区模式、主体企业建设模式和物流地产商建设模式中的一种为主，辅以其他开发模式。此种建设模式适合规模较大、功能分区较多、投资规模较大的综合项目。

一个物流设施建设项目究竟适合采用哪种开发方式，主要取决于政府对物流项目规划的战略思考、区域经济发展水平、资本市场环境和区域物流市场发展状况等因素。不管采用哪种开发模式，都要注意政府的统筹规划、政府推动、市场引导、企业主体参与的共同合作关系处理。

（二）关联模式

上述建设模式可以帮助实现物流基础设施网络的节点和连线空间布局，但是点线实体如何相互关联成有机整体网络系统则是现代区域物流网络化发展的关键。本部分主要从点—点关联模式、点—线关联模式和线—线关联模式对此进行研究分析。

点—点关联模式分为同质点关联和异质点关联。异质点是指节点设施的服务功能或服务对象不同，这种差异化的建设定位可以避免重复建设和恶性竞争，避免资源利用不充分，尤其是空间上相近的节点。因此在同一地区建设多个节点设施时，注意可以侧重服务不同行业、用不同的专业设备设施满足不同行业环节的物流服务需求，这样就可以实现异质点的横向关联，细分市场，共同服务该地区的经济产业。另外，当异质点有相关联的服务功能环节时，可以在连接环节上联动发展，如区港联动模式就是通过对保税物流区和港口封闭式监管来提高报关的工作效率。

同质点的关联主要表现在跨越空间距离较大的节点设施进行同类环节的对接，成为另外一个节点在空间上的延伸。例如两地的仓储可以共享客户资源信息，当该客户的货物从 A 仓储运送到 B 仓储时能够便捷对接转移。再如内陆保税物流区与沿海保税物流区联动发展，使沿海保税物流区成为内陆的国际通道延伸，内陆保税物流区也成为沿海港伸向内陆的码头。第三种表现形式就是轴辐节点网络，二级节点将货物集中到一级节点共同配送，通过规模效应降低单位运输成本。

点—线关联表现为节点设施距离运输通道很近或者就建造在运输通道上，成为关联设施，例如铁路货运站及其堆场、航空机场快递物流中心、港口集装箱和保税仓库等，还有一些物流园区建有铁路专线，将铁路延伸至园区内部。

线—线关联主要表现为多式联运，整合各式交通通道的优势，各式交通通道有交会，并且在转接时有便利的转接节点作业场地，实现多式联运。例如公铁联运物流中心直接引入铁路令用线，将公路运输、铁路运输、城市道路运输等功能有机结合起来，将铁路运往本市或周边地区的部分货物化整为零，利用公路运输运送到客户地点；本地区及周边地区货物利用公路运输集中，集零为整，利用铁路编组站集结后运送到客户地点。其他类似的还有港铁联运中心、水空联运、公港联运中心等。江海直达主要通过江海两用船和监管环节联动，从设备设施和运营管理上实现。

四、物流基础设施网络特征

物流基础设施网络中的各点、线要素成为有机整体，一方面在物理空间上实现交通网的无缝连接，另一方面在内部关联上也更为紧密，具有以下网络系统特征：

（一）整体性

物流基础设施网络不是节点和连线组成的简单集合，这些实体元素之间是相互依赖和联系的，节点之间和各式连线之间的关联重要性不断凸显，实现联动发展。人们还在通过实践不断探索更多样灵活的关联模式。它们共同构成一个有机整体，实现物流设施网络的综合功能。

（二）层次性

组成物流基础设施网络的节点和线路在地理区位、规模、功能和服务行业对象等方面存在差异，这种差异使得物流基础设施网络对外体现出层次性，最为明显的网络形态特征就是轴辐网络和混合轴辐网络，这种层次性有利于节点之间在横向细分和纵向环节上产生关联。

（三）复杂性

物流基础设施网络的复杂性体现在交通通道的多类型、节点设施的多类型以及它们之间相关联的多类型，形成立体空间形态模型。

（四）动态性

物流基础设施要素自身规模、空间布局结构、要素之间关联形态等会随着区域经济、交通、区位环境的改变而改变，改变呈现出一般性的规律变化，逐步形成物流基础设施网络结构的变化。

五、物流基础设施网络层构建实施

对物流基础设施网络的构建规划，应该从区域网络整体角度布局，而不是传统研究中对单个物流园区的布局。本书从网络系统全局层面构建多层次等级的混合轴辐网络，对多个备选网络节点的选址、数量规模层次和关联进行分析，并对交通连线的建设选择和规模进行分析，具体步骤如下：

（一）建立备选地区节点集合

即进行节点设施的选址规划，从整个区域范围内选择多个备选地区。首先建立备选地区的多级评价指标体系，建立区域评价数据库，将不发达地区节点淘汰，较为优质的地区节点作为备选节点集合。

（二）轴辐网络节点层次构建

根据因子评价和聚类分析，对备选地区进行分级分类。一级节点地区是评分较高的一组节点，这类节点可以作为"轴点"。二级节点是评分居中的一组节点，可以作为一级轴辐，三级节点是评分较低的一组节点，作为二级"辐"，由此构成了二级轴辐网络。轴辐侍服模式源于航空运输，是含有 Hub 和 Spoke 的空间集合。Hub 即"轴"，作为其他节点物流的汇集和中转枢纽，Spoke 即"辐"，是网络中的非中心节点。轴辐网络最大的特征是流量在 Hub 之间的支柱链路上高度集聚，通过规模效应降低主干线的单位运输成本。本书在传统单一等级的轴辐网络基础上，构建了一个多等级混合枢纽的轴辐网络。这样的多等级混合轴辐网络就比传统的轴辐具有更大的灵活性，在成本方面有可能低于单一等级枢纽的轴辐网络。

（三）网络节点规模

确定网络节点规模的方法主要有时空消耗法、按功能分类计算法、参数法和类比法，时空消耗法从各类货物的体积和周转期等微观层面给出用地规模模式，虽然理论精确，但由于参变量过多并且数据获取困难，其实践意义难以实现。按功能区分类计算法从工程的角度分别计算物流园区中各个功能区域的建筑面积和占地面积，从而得到物流园区的用地规模，属于单个物流节点设施层面，不适用于整个区域的物流用地规模。计算类比法是参照国内外物流发达地区节点规模情况进行本区域规模估算，但由于地区产业差异，不能直接根据比例类推，参数法是确定区域范围内物流用地规模比较有代表性的方法，数据获取容易，虽然精准度比前面二者较差，但对于区域政府规划具有较强的实践指导意义，因此本书采用参数法进行节点规模估算。

第三节　物流服务需求层网络结构

一、物流服务需求层的空间形态模型

（一）空间形态模型

为了更好地满足新经济时代的物流服务需求，本书以物流市场需求为导向，研究需求层的网络形态及特征，以引导物流服务层和基础设施层的合理布局。将物流需求层网络作为客体，进行区域物流网络化运作研究，能更好地实现物流服务的全局性。物流需求层的节点主体涉及供应商、制造商、分销商、消费者等多类外部物流需求方，这些需求方主体之间的物资供需关系构成物流服务需求层的网络连线。

需求层空间形态网络模型由点、链、群落以及它们之间的物资供需关联的抽象形态构成，下文将从这三个方面进行分析。

点：模型中节点分别代表几类需求主体，原材料和零部件供应商一般位于中心城区较远处，制造商位于中心城区边缘处，分销商和终端消费者一般位广中心城区，可以作为需求层网络的末端节点，末端节点的分布与前两类节点相比较为广泛和分散，呈离散性和随机性。

链：各类需求节点之间的关系构成链，包括供应商之间、供应商与制造商之间、制造商与分销商和消费者之间，除此以外集团型企业各环节节点内部也存在关系链。供应商之间存在的供求关系，构成一级供应商和二级供应商等多级关系，制造商将原材料和零部件进行加工整合，产出流通商品，运输到分销商和终端消费者。

群落：当需求节点分布较为集中时，聚集成为群落，整个群落可以作为一个整体的需求节点，与制选商之间进行物资供给，这样的群落通常由具体产业及相关服务对象链构成，群落之间的物资供给形成复杂的多层次交叉网络结构，在模型中用较粗的实线表示，成为物流网络的主要轴线。物流需求网络与某区域局部范畴内的经济产业结构密切相关，体现了该区域的物流需求及其特点。

这些点、链、群落共同构成了物流需求网络，根据它们的物流服务需求分布及要求，提供一体化、高效和集约化的服务。

（二）空间形态类型

需求节点之间的关联形态分为 V 形、A 形、X 形和 T 形（如图 7-1 所示）。当少数节点供应给多数节点时，需求网络呈发散型，即 V 形结构；当多数节点供应给少数节点时，需求网络呈会聚型，即 A 形；很大一部分需求网络综合拥有大量的供应端和客户端，V 形和 A 形综合形成 X 形。这三种需求网络形态都涉及较多的终端节点，对于物流服务的终端配送要求更高。为了简化 X 形需求网络的复杂性，X 形企业采用标准化的中间件，这种通用件根据客户需求再进行组装配置通常企业将通用件分布运输到客户群落，组装后，再进行终端客户配送，这样形成 T 形需求网络，标准通用件的运量较大，对物流作业规模能力要求较高。

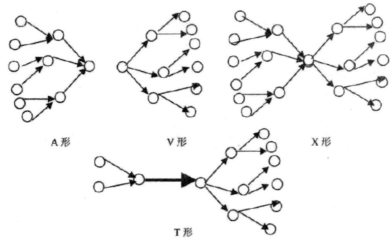

图 7-1　物流需求网络形态类型

二、物流服务需求层的空间演化过程

物流服务的需求网络演化过程如图 7-2 所示，在经济发展初期，需求节点自然随机选择产生，分布分散且规模较小，物流需求规模小、范围小。

随着经济的发展，节点数量增多，根据非均衡增长、增长极、M 位理论、新产业区等理论，需求节点会因为资源禀赋、政策、创新、沟通关系等因素聚集在一起，基于优势选择聚集而形成产业集群。

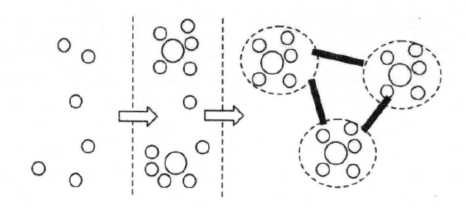

图7-2 物流服务需求网络的演化过程

根据中心外围理论、梯度转移理论,集聚集群的经济活动会不断带动周边区域发展,经济圈的范围不断扩大,单核结构逐渐为多核结构替代,这样不断演化就形成了多个产业集群之间的关联网络。大多数物流需求者都集中分布在这些关联网络中,构成了比以往经济时期更为复杂的物流服务需求网络。

三、物流服务需求网络形成的路径类型

各区域的产业经济发展带动该区域的物流服务需求,根据不同区域的优势和资源特点,其成长发展路径可分为以下几种类型:

(一)企业带动型

由大企业、大集团入驻该区域,带动众多的配套件、零配件等相关企业集聚周边,组成集群。

(二)资源开发型

基于区域的自然资源开发优势形成。根据当地的气候、水、土、动植物和矿物资源等,建立由原料生产到商品深加工的产业链,形成采、选、炼、加工、研发产业链体系,组成该区域的资源型产业集群。

(三)市场带动型

由于该区域的消费能力和贸易市场发展良好,吸引相关产业入驻聚集,并且该区域能够提供良好的市场环境和配套服务,以消费和贸易市场环境带动产业集群发展。

（四）交通区位吸引型

该区域处于便利的交通通道交会处或者拥有多种交通联运方式，通过区位优势减少产业生产流通过程中的物流成本，吸引产业聚集。例如，沿海城市的区位优势吸引了大量的外贸企业聚集，而内陆的中心枢纽区位也吸引了大量的内生型产业聚集。

（五）园区集中型

由政府划定区域，通过建设物流园区（中心），发展周边产业园区，配套厂房场地和基础设施，吸引企业入驻，相关产业企业聚集发展。

（六）科技驱动型

通过专业人才进行技术创新和进行交流活动，在科研成果和高新技术的带动下，依托人才和知识创新优势吸引产业聚集进行集群化发展。

（七）资本吸引型

政府建立项目基金帮助企业发展，并通过税收优惠、土地优惠政策等手段开展招商引资，通过资本优势吸引龙头企业及相关企业聚集而发展形成产业集群。

四、物流服务需求网络特征

需求网络的形成及其特征对物流服务运作也提出了高层次的要求，快速响应、及时提供按需服务是满足日益复杂的物流服务需求的关键，需求网络的特征如下：

（一）跨地区大范围需求关联

产业集群及集群间的物质交流地域空间不断增大，这需要物流通道具有延展性、便利性，并要求物流运营组织的节点覆盖范围更广。

（二）复杂多层级需求关联

随着产业集群发展成熟，更多的企业专注发展核心技术和产品，关键零部件分别由不同节点生产，因此节点间的关联出现复杂和多层级交叉性，需要专业化的行业物流服务企业进行一体化物流服务，由优秀的物流服务公司提出整体、系统的物流服务方案。

（三）大量终端需求节点

终端消费者的消费能力日益增强，加上电子商务的普及，消费者的购物范围跨出所在地区，面对不断增加的大批大范围的终端消费者物流需求，物流服务企业的作业能力亟待扩张发展

（四）需求网络的动态变化

市场需求变化性和经济环境复杂性引起需求网络的动态变化，物流基础设施网络的规划需要具有前瞻性，以适应不断增长的区域经济物流需求，物流服务运营组织需要发展联盟网络以增加反应柔性，应对物流需求层的变化，另外，在动态环境中，需求节点间需要快速响应，对物流信息网络的建设普及也提出了要求。

五、物流需求层网络构建实施

本书主要从区域物流网络的角度对需求层的网络发展进行分析，在上述几种类型的发展路径中，有很多是与物流网络系统中其他维度的网络相关的。第四种和第五种发展路径需要物流基础设施网络和运营网络的发展带动，物流服务和基础设施受到产业经济发展引导的同时，也会反过来影响区域经济的产业聚集发展。第三种和第七种发展路径主要依靠政府支持，因此政府可以通过引导物流与制造业双轮驱动相互促进，推动区域经济发展。

第四节　物流信息层网络结构

一、物流信息网络层的空间形态模型

物流信息网络分为企业内部信息网络和企业外部信息网络：内部信息网络是企业之间实现外部信息网络的基础；外部物流信息网可以使节点之间加强相互数据共享和业务上的沟通。区域物流信息网络的重点在于企业外部信息网络，因此，本节主要分析企业外部的公共信息平台，它是由区域物流网络系统中各主体节点根据网络规则参与构建的综合信息服务体系，实现物流网络内的物流信息采集、电子交易业务管理、物流服务咨询、物流动态信息咨询，有效地减少信息传递的中间环节和费用，大大提高了信息传递的效率。实现各节点间的信息资源整合和共享，以帮助实现物流网络各

类节点间的资源整合可协同运作。该层网络由信息节点及相关信息设备组成，信息节点存储和上传物流活动相关供需信息，各节点信息依托软件系统平台和信息硬件设施流动。

信息节点主要包括物流需求信息节点、物流服务信息节点和基础设施信息节点。物流需求节点包括供应商、制造商和终端消费者等，将物流货运量、时间要求、价格预算、所需物流服务类型等信息通过接口上传到公共平台，物流服务节点将可用服务能力、服务动态信息等上传基础设施。例如，物流园区和交通通道等将设施可用空间和已承载作业量的信息上传。这些信息节点拥有终端的信息硬件设备，与公共平台网络服务器连通，信息网络层中的链接主要通过各节点接口，通过设置节点用户账号连接进入公共平台，需要注意的是，各信息节点之间可能直接存在信息关联，即部分节点之间建立内部公共网络，节点接口之间的信息硬件设施包括光纤和无线网络媒体。

二、物流信息网络层的演化过程

区域物流信息网络的演化成长一般经过三个阶段：企业内部网络阶段、供应链信息网络阶段和区域公共网络平台阶段。

企业内部网络阶段是信息化基础阶段，企业个体开始应用和完善通信网络等信息设备设施和软件系统，实现企业内部的物资信息化管理和物流作业信息化管理。

供应链信息网络阶段是若干企业供需节点共同组建的一个共享信息网络，服务于该供应链集群节点。此阶段已经开始节点间的信息共享，提高供应链的反应速度，提高应对柔性，但是所涉及的节点范围较小，以重点企业为核心平台，相关合作节点通过接口加入。

区域物流信息网络阶段是以区域物流系统的协调管理者为核心平台，该区域更多的物流需求和供应节点加入该信息平台，超越了供应链信息联盟关系，成为更为广泛的公共物流供求信息平台。

三、物流信息网络层的发展路径

区域物流公共信息网络平台的发展可以根据核心构建主体的不同分为以下五种发展路径类型：

（一）需求企业主导型

由核心制造企业或者经销商等作为主要投资方和参与方建立物流信息平台，相关企业作为信息节点加入该信息平台，提供和共享信息。

（二）服务企业主导型

由核心物流服务企业作为信息平台的主要建设者，物流需求节点和物流合作服务节点加入该信息平台。

（三）协调管理者主导型

由间接的区域物流系统服务管理者负责信息网络的投资建设、日常维护和运营管理，为该区域物流各类信息节点服务，该区域物流供需节点均作为用户加入该信息网络平台。

（四）政府主导型

由该区域相关主管政府部门给予信息建设项目的资金支持，主体企业负责运行管理，专业软件公司负责信息网络建设与维护。

（五）综合参与主导型

多方主体合股投资建设，共同组建系统的协调管理委员会负责信息网络平台的运行管理。

前两种发展路径是利益主体直接进行建设和管理，多以自身利益为中心，发展与自身利益相关的信息节点，具有一定的局限性。第三种和第四种路径为第三方、间接利益主体主导发展，但若有主体企业更加紧密地参与和联系，则有利于信息网络平台更有效运行。第五种路径综合了前面四种类型的利弊，既能够让更多松散利益关联的信息节点加入该平台，也能够实现多方监管、资金来源多样化和信息平台建设与维护专业化。

四、物流信息网络层的特征

（一）信息网络系统复杂

体现在异构性、分散性和复杂的信息接口关联。在区域物流信息网络系统中，信息节点的种类多，并且自身拥有的信息网络、各类节点信息系统具有独立性，其系统结构和技术实现手段的差异性会造成数据结构和数据类型的不一致。各信息节点在地理上的分散性也增加了物流信息网络整体管理的复杂度，在实现各信息系统关联时，由于信息化发展初期各信息节点没有建立统一的标准化接口，导致物流信息网络信息协调工作的复杂性。

（二）信息处理量巨大

区域物流信息网络平台不同于单个信息节点的内部网络或者多个信息节点组成的供应链集群信息网络，它是受众更为广泛的公共平台，因此信息量较另外两种信息系统而言更大，并且系统需要满足多用户对这些信息的存储、修改和查阅等信息操作功能，这对系统安全性、服务器的运行速度和稳定性都提出了更高的要求。

（三）开放兼容性

该信息网络作为公共平台面向众多类型的信息节点，由于信息节点具有异构分布式特点，因此需要建立兼容性较好的多标准接口，通过开放性的服务界面实现各信息节点的数据录入和集成管理，从区域物流网络公共平台的软硬件环境两方面提升兼容性。

（四）动态即时性

需求节点不断产生新的需求信息，服务节点运作过程中的作业信息也不断更新，同时也不断有新的供求节点加入该网络平台，这些信息都将即时录入系统便于供求双方查询，以便及时安排下一步的物流供求计划。

五、物流信息网络层的构建实施

无论采用哪种发展路径建设和运行区域物流信息网络系统，都需要做好以下三个阶段的实施工作：

（一）信息网络系统设计

对本区域物流信息共享需求进行分析，设计系统的功能模块及其运行流程、运行规则，一般包括物流供需服务数据的录入、修改、删除、查询功能模块，物流供求服务的订单交易功能模块，信息方点的账户管理功能模块，系统协同运作的决策支持功能模块和系统风险预警管理功能模块等。

（二）信息系统的技术实现

在软件实现上，根据系统设计的功能要求和数据流要求，建立数据库、系统的技术构架模式、接口组件及运行规则的程序代码编写。该步骤注意系统的兼容性、可扩展性和可修改性。

在硬件实现上，由于网络的信息处理量大，涉及的节点众多且分散，应重点注意服务器的设置管理模式，常见的分为集中式、分散式以及分布式。集中式由中央处理器来统一控制与管理，分散式主要是多个处理器分别处理部分数据。在区域物流网络信息系统中可考虑采用分布式体系结构，结合网格管理技术，整合网络中的信息硬件资源。

（三）信息网络系统的运行管理

在信息网络运行时，信息数量、信息质量、信息安全这三方面是运行管理的重点。其中信息数量、质量需要依托信息共享奖惩机制来保证，并且在区域物流网络发展过程中，不断完善各信息节点的物流信息标准化在信息安全方面做好数据备份、防火墙设置以及信息的分级共享权限。

第五节　政府组织网络

一、政府组织层的网络形态

政府机构分为省、市、区、地等多个层级，每个层级有多个物流相关部门会影响到区域物流活动，因此每个独立行政区域内部都存在多层级的政府部门节点，构成该行政区域的内部政府网络不同行政区域之间也相互交流和关联合作，由此构成了该地区政府的外部网络。本书以城市作为行政区域级别标准，分别研究政府内部网络和外部网络两类网络形态。

（一）政府内部网络

政府内部网络中参与或对物流活动有影响的部门包括政府办公厅分管部门、发改委部门、交通管理部门、铁路局、航运管理部门、海关以及物流园区（中心）所在区政府等。政府办公厅分管部门和发改委对整个城市物流业发展和物流设施建设进行规划，铁路局、航运管理部门和海关主要对物流运输线路作业活动有所影响，物流园区（中心）所在区政府主要对节点作业活动有影响，这些部门对物流活动的发展起到间接管理和引导的作用，发改委负责规划落实，多式联运、区区联动、点线联动时协调各部门之间的沟通与合作，共同促进本城市地区的物流产业发展。

（二）政府外部网络

政府外部网络即城市行政区域之间的政府网络关系，在经济一体化发展趋势下，各行政区域政府机构之间的协调沟通活动日益增加，各行政区域多个部门之间也进行协调运作，如各市海关部门的协作可实现全程监管、一次报关。多个行政区域政府可联合组建更高一级的区域经济圈管理组织，如长江三角洲城市经济协调会由 15 个城市组成,共同推动长江三角洲经济圈的发展,该经济圈范围内的物流活动也更加活跃高效。

二、政府网络层演化

在物流网络发展初期，其重要性还没有得到政府重视，各部门组织运营相对独立，政府没有进行整体协调规划，部门间往往出现作业衔接不协调等矛盾。在此阶段，物流发展相关的政府内部网络并没有形成。

在物流网络发展成长期，随着经济活动的发展，物流对区域经济发展的重要性日益凸显，各级区域政府也开始提出物流设施建设规划，并支持大力兴建交通道路等基础设施。在物流项目的建设与运营过程中，各相关机构部门的交流增多。在此阶段，由政府牵头的内部政府网络逐步形成。

在物流网络发展成熟期，城市圈和经济带等区域经济一体化发展兴起，跨行政区域的多个城市政府及相关机构共同规划和推动物流网络的发展，实现共赢。在此阶段，政府的外部网络逐步形成。

三、政府网络形成的路径类型

（一）内部网络的形成路径

有两种方式实现政府相关部门的协调沟通管理。第一种方式是可以由政府牵头，联合交委、商委、经委、规划局、财政、税务、工商、公安、国土、国资、信息产业、技术监督、商检、海关、统计等各部门组成物流管理协调机构，由其对全市的现代物流业的发展起综合协调作用。但是此种方式的不足之处在于协调管委会的权责不明晰且具有临时性。第二种方式是前种方式的升级，政府负责组建专门的物流管理机构负责该区域物流产业的发展管理,其主要职责包括政策制定和推行、物流项目规划及实施、协调物流相关部门。

（二）外部网络的形成路径

分为自上而下和自下而上两种路径。自下而上属于不同行政区的政府相关机构之间自发地进行物流活动交流协作。自上向下是由更高一级的省或者国家政府机构牵头，进行城市圈、经济带的规划，引导各行政区政府及相关机构加入，进行协同规划和物流活动管理与合作。

四、政府网络层特征

（一）跨行政部门

物流作业活动不同于其他产业经济活动，由于其占地规模大、运输方式多样化等特征，涉及多个部门，物流节点设施的建设涉及发改委、规划局、土地局等部门，物流交通设施的建设和运营还涉及交通、航道、铁路等管理部门，物流活动的运营涉及各区政府利益。

（二）跨行政区域

物流产业是服务于所有实体产业的基础产业，所以其活动范围与实体产业相比更为广泛，不同行政区之间乃至不同国家之间的物质交流日益增多，因此物流管理机构也需要进行跨行政区域的交流与合作。

五、政府网络层构建实施

通过实现全市内物流相关部门的跨部门协调管理和城市群之间跨行政区域的政府协调管理，构建政府内部网络和外部网络。

（一）制定区域发展战略

首先对本区域的经济发展产业和物流产业发展定位进行战略规划，以此作为发展方向，引导各相关部门协同努力实现战略目标。

（二）做好内部网络

建立联席会议制度，定期或不定期召开会议，研究解决物流业发展过程中出现的问题，制定相应的政策措施，加快地区的物流发展。

（三）加入外部网络

一方面，政府各相关机构主动拓宽对外发展渠道，与其他地区海关、航道和物流园区（中心）所在区政府交流合作，推动本区经济发展。另一方面，更高一层政府机构要从更广泛的区域角度，发展区域联盟的城市和地区成员。

第六节　多维区域物流网络

一、多维区域物流网络的空间形态

上述物流服务运营层、物流服务需求层、物流基础设施层、政府组织网络层和物流信息网络层这几个维度的网络在空间实体和内部关系上相互关联影响，整合成为现代多维区域物流网络。

（一）分析各维度网络的空间关联整合

多维区域物流网络中的节点分布方面，运营服务层的公司、办事处等组织节点入驻物流园区、物流中心等基础设施节点中，服务周边的需求客户，也可以对制造型企业的部分环节引入物流内部或周边，因此这三类主体网络的节点在空间上接近，并且归属于某个政府行政区域范围内，各主体所在地区通过服务器设置实现分布式信息。

多维区域物流网络的连线方面，多个地区集聚的节点设施通过交通通道连接，带动在点间的物流需求者进行物资交流、运营服务物资流动以及多维主体的信息流动，因此交通通道实体连线、物资流通、资源流动和信息流动的综合有机集成，政府网络节点在此连线的影响下，也跨越行政区域的交流，设立经济带、经济圈等一体化的协调管理组织。

（二）分析各维度网络的内部关系关联

基础设施网络层根据物流需求层的产业布局和物流需求建设点线配套设施，同样，基础设施层的布局也会影响物流需求层的产业集群布局，物流服务运营网络层根据基础设施网络层和物流需求层设置公司总部和分部网点，并且决策服务对象、服务线路和服务范围，借助设施层网络载体满足需求层物流服务要求，将需求层和设施层连接起来。物流服务需求层将物流外包给第三方物流公司，其物流流向、流量、物流服务要求都将影响基础设施网络布局和服务运营层的节点部署，政府组织网络层的政策和政府行为会影响基础设施网络的宏观规划和筹建，同时也要根据需求层进行宏观规划，根据服务运营层制定相关政策，进而影响服务层的网络布局和运管，信息网络是服务各维主体协同活动的公共信息平台。

综上所述，多维区域物流网络空间布局需要多个主体网络协同规划，是以区域经济产业的总体发展目标和物流服务需求为导向，政府组织为辅助推动，基础设施网络为依托，服务运营网络为支撑，信息网络为平台的多维有机集成网络。综合考虑区域的产业布局、交通、生态、物流需求、经济社会发展等因素，协调物流用地规划，形成以物流园区、物流中心、配送中心为中心，航空、铁路、公路、水运多种运输方式合理配套布局，多方主体协同运作的多维区域物流网络体系，创造货畅其流的物流环境，提升区域的综合竞争力。

二、多维区域物流网络的演化

综合分析上述各维主体网络层的演化过程，可以看到其演化过程是相互关联和影响的，遵循最本质的区域经济空间演化的一般规律。

经济地理学中提出，由于资源禀赋等因素造成地域经济发展的不平衡性，经济客体在区域内实现集聚关联效益，改变区域内原始的均质状况，出现增长极点，随着经济的发展，出现更多经济客体集聚的增长极，并由于跨地域的线状基础设施的连接，增长极带动周边发展成为经济集聚带，多个增长极和经济带交互以及辐射区域共同组成区域最基本的空间格局。上述理论中提及的经济客体就包括经济产业等物流服务需求者、第三方物流公司等物流服务，以及政府和辅助服务与综合各维网络层的演化过程，可分为以下阶段：

（一）早期的自然集聚增长极

产业经济集中在某地区，地区之间交流较少，物流企业服务该地区的产业经济，服务范围较小，交通道路网络尚不健全，建有若干服务本地物流的仓库或配送中心，政府行政管辖区域范围有限并且分割明显。此阶段以自然集聚成长为主，没有统筹科学规划，自然形成物流用地与产业用地、居住用地等穿插布局，用地零散。

（二）成长期的集群化经济带

经济增长极数量增多，产业经济集群化发展，企业发展差距出现，龙头大型企业和中小型关联企业进行集群式分工合作，所在地区增长极的辐射能力增强，交通设施网络逐步完善，便于增长极之间的经济往来和物资流动，物流服务企业数量增长、活动范围增大，综合物流园区逐步建设，政府行政管辖区域扩大，交流增多。

（三）成熟期的集群网络化经济圈

经济全球化发展的背景下，各式交通网络发达，形成产业集群在更大区域内进行采购、生产、销售的网络化布局，物流产业集群网络化成长，各式节点设施数量和类别增多，综合服务能力增强，吸引物流服务企业入驻，服务经济产业与自然集聚期布局不同，政府从区域范围内财物流用地、产业用地和居住用地等做出整体规划，区域内各地区网点间进行硬件资源、服务资源和信息资源共享。

三、多维区域物流网络化发展路径

综合各维度网络的演化及相关主体的作用影响，建立基于区域政府、需求产业和地理区位的三维发展路径。这三者共同作用，影响物流基础设施和物流运营服务网络的发展，这个维度组成了 8 种发展路径的情形。

情形①是三者相互强势促进发展，情形②是需求拉动加上政府推动型，情形③是需求拉动型，情形④是区位吸引加上需求拉动型，情形⑤是区位吸引加上政府推动型，情形⑥是政府推动型，情形⑦中三者发展都较差，亟待改善，情形⑧是区位吸引型。

各区域需要根据自身的优势差异，选择合适的发展路径，并且不断改善，向情形①转化。区位因素可以通过交通通道的建设改善，需求产业可以通过政府支持推动发展，政府作用强度可以通过相关部门重视和职能优化来提升。各区域可以根据自身所属情形，参考路径模型中的虚线箭头，逐步优化，实现情形①。

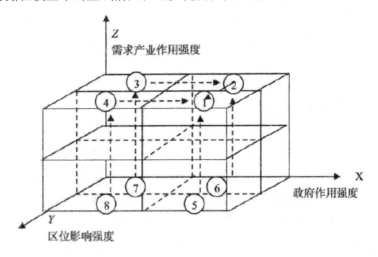

图 7-3　多维区域物流网络的综合发展路径

第七节 多维区域物流网络结构测度

一、网络规模测度

首先对网络规模进行测度，网络中有足够的节点和连线规模才能保证有充足的资源和实现信息共享，才能保证有足够的作业能力进行协同运行，服务该区域产业经济。因此网络规模是系统发展和运行的基础。

网络规模测度包括绝对指标和相对指标。绝对指标包括节点数量、节点规模、节点作业能力、连线数量、连线规模等。由于它忽略了区域人口、经济和面积等资源禀赋差异，因此它不能准确地用于该区域物流网络的测度。例如有些区域虽然节点总数多，但是区域范围大，不能满足该区域范围内的物流需求。因此，采用路网密度等相对指标进行网络规模的测度。

先根据所选用的基础数据（如区域面积、线路长度、区域 GDP 等）计算出各区域中各类网络规模指标，再将各区测度指标数值进行标准化，将规模最大地区的相应值定为 1，其他地区数值依照与最大地区数值的比例计算标准值。最后，比较各区域网络规模数值，进行评价。

二、节点成长测度

节点是网络中的重要组成部分，在不同维度的网络层中分别代表需求客户、物流服务组织、物流节点设施等。这些节点发展的成熟度影响到其对客户的吸引力和对其他节点的吸引力，拥有丰富资源和管理能力强的节点在网络中居于核心地位，与更多节点产生关联活动，并且作业量占有较大比例。节点成长测度主要包括绝对联系强度、首位联系强度和节点枢纽度，可以通过此测度找出网络中的核心节点组织和枢纽节点设施。

（1）绝对联系强度

绝对联系强度（Q_{ij}）用来评价节点间联系的强弱，其值越大代表节点间的关联越紧密，优质核心节点的绝对联系强度越大。

（2）首位联系度

首位联系度用于找出与节点 i 联系最紧密、来往作业量最大的节点 k。方法表述如下：

$$Lik=max\left\{\frac{I_{ij}+I_{j1}}{O_i+D_i}\right\}\ (j=1,\ 2,\ \ldots,\ n,\ i\neq j,\ k\in n)$$

式中 O_i 代表节点 i 对外出发的作业总量，D_i 代表到达方点 i 的作业总量，Lik 代表所有与节点 i 关联的节点，交流作业量所占比例最大的是节点 k，即节点 k 是节点 i 的首位联系节点。k 的首位联系节点 i 越多，说明 k 的地位越核心，其他节点优先联系节点 k，形成以节点 k 为核心的"轴—辐"网络。

（3）节点枢纽度

节点枢纽度用于测度节点在网络中的集聚能力，通常用该节点与网络中其他节点的连接程度来反映，通过如下方程衡量：

$$S_i=\frac{\sum\limits_{j=1}^{n}D_{ij}}{n-1}$$

其中 D_{ij} 代表节点，和节点 j 的最短拓扑距离，不同于实际距离。若节点 i 和节点 j 之间直接关联，则两节点的拓扑距离为 1，若需要通过另一个节点中转才能连通，两节点的拓扑距离则为 2，以此类推。枢纽越大的节点能直接与多个节点关联，便于整合资源，降低转接成本，更具作业便利性和反应柔性。

三、节点分布测度

节点分布测度主要从地理空间聚集度和产业集中度两个方面进行衡量，分别用于区域间的节点分布集中性差异比较以及该区域内的节点间规模差异比较。采用空间基尼系数和赫芬达尔指数进行衡量，具体如下：

（一）地理空间聚集度

可选取两种方法测度物流网络的空间聚集，分别是空间基尼系数和区位商式。

$$C=\sum(S_i-X_i)^2$$

G 为行业空间基尼系数，由克鲁格曼提出，用于衡量行业在地区间的分布均衡程度，S_i 为区域 i 某行业就业人数占全国该行业就业人数的比例，X_i 为区域全部就业人数占全国总就业人数的比重，对所有地区进行加总，就可得出某行业的空间基尼系数。空间基尼系数也可以用产值和增加值进行计算，空间基尼系数的值介于 0 和 1 之间，其值越大，表示该行业在地理上的集聚程度越高。

将空间基尼系数变形转化成区位商式：

$$LQ_{ki}=S_i/X_i$$

一般说来，LQ_{ki} 值越大，说明集聚程度越高。$LQ_{ki} > 1$，表明 k 产业在 i 地区集聚程度超过全国平均水平，该区域该行业具有比较优势；$LQ_{ki}=1$ 时，表明 i 地区 k 产业的集聚水平与全国平均水平持平；$LQ_{ki} < 1$，说明 i 地区 k 产业的集聚水平低于全国平均水平。

（二）产业集中度

空间基尼系数大于 0 并不一定表明有集群现象存在，因为它没有考虑企业规模的差异。如果一个地区仅存在一个规模很大的企业，也会造成该地区在该产业中有较高的基尼系数，但实际上并无明显的集群现象出现。因此需要产业集中度指标作为补充，采用赫芬达尔指数衡量。

上述四种情形可用于分析网络发展的不同阶段，首先分析地理空间聚集度网络发展初期，节点随机自然分布在某地区，地理空间聚集程度低，随着网络发展，节点基于地区优势，选择性地聚集，形成增长极，因此地理空间聚集度增强，增长极的数量逐渐发展增多，并带动其辐射腹地的发展在网络发展成熟阶段，地理空间聚集度较前一阶段会有所降低。

分析产业集中度，网络发展初期节点规模偏小且均匀，因此产业集中度低，网络成长期有部分节点基于资源和管理等优势发展更好，产业集中度增加，其高收益引起更多的节点加入，形成市场恶性无序竞争，优质节点所占市场份额降低，产业集中度降低，经过竞争优胜劣汰的过程以后，市场进行有序竞争，市场份额相对集中在某些节点，其他节点形成依附或者合作关系，产业集中度增加。

四、节点关联测度

此测度是网络化发展阶段的重要测度，在网络系统中即便网络节点数量多、规模大，但如果孤立存在，也不能实现系统网络优化，因此这些节点间的关联程度是网络演变进化的关键测度。多维区域物流网络系统中有多种类别的节点，它们之间形成复杂关联，因此该网络系统是一个复杂网络系统，其测度可参照复杂网络理论的基本分析指标：平均路径长度、集聚系数、度分布和通达性。

（一）平均路径长度

$$L = \frac{1}{\frac{1}{2}n(n-1)} \sum_{i>j} d_{ij}$$

式中，L 为网络中任意两个节点拓扑距离的平均值，n 为网络中的节点数。d_{ij} 为网络中两节点间的拓扑距离，用来表示网络节点是否有联系，两点关联需要经过多少步骤，在可以相通的路线中，哪条路线经过的 f 点数多。L 值越小，表示网络的整体联通性和空间延展性越好。该指标可用于节点关联部署调整，增强网络节点间的联系、改善网络协同环境。

（二）集聚系数：产生关联的边数

$$C_i = E_i / [k_i (k_i-1)/2]$$

式中，G_i 为节点 i 的集聚系数，节点 i 有 k_i 个节点实际衔接边数，已为节点 i 的全部可能衔接边数，E_i 为节点 i 的全部可能衔接边数。节点 i 的集聚系数越大，表示其与相邻节点内部联系程度越紧密，该节点的地位或区位条件也就相对较好。

定义网络整体集聚系数 C：

$$C = \frac{1}{n} \sum_n C_i$$

C 越大，表示整个网络中各点之间联系程度越大。该指标可用于研究物流网络交流和资源共享的程度。聚集系数越高的网络，资源整合的可行性将越大，交流增多使信息的使用效率也越高。

综合分析 L 和 C，当网络为规则网络时，集聚度 C 高而平均路径 L 长，此时的网络处于刚性规则和计划经济，部分节点处于垄断地位，其余节点缺乏市场自由竞争活性，彼此关联较少，依附于核心节点。当网络为随机网络时，集聚度低而平均路径 L 小，此时网络处于无序状态，节点自由连接，缺乏核心节点真实的成熟网络同时具有集聚度 d 高且平均路径 L 小的特征，具有"小世界"效应，在网络节点和边连线数目不变的情况下，可通过改变网络关联结构提高网络效率。

（三）度和度分布（度也叫连通度）

度（Degree）是反映复杂网络中节点特征的重要指标，表示某节点直接连接的其他节点的数量，假设节点 i 的度为 k，则度分布表示度为 k 的概率，用概率分布函数 $p(k)$ 来描述，用 $P(k)$ 表示 $p(k)$ 的度分布累计分布函数：

$$P(k) = \sum p(k)$$

实际网络中，$P(k)$ 一般都满足概率分布，也称为"无标度"分布，拓扑结构的度分布大多符合 $P(k) \propto k^\lambda (2 \leqslant \lambda \leqslant 3)$，即少数节点拥有众多关联节点和线路，而多数节点拥有的关联线路较少，形成明显的"马太效应"，这一特性在物流网络中表现为"轴—辐"网络形态。

（四）通达性系数（可达性）、时间区位系数

通达性系数 A_i 可用来测度整个网络中各节点通达水平的高低。A_i 值越小则通达性状况越好。通达性系数大于1，说明该节点的通达性低于网络系统平均水平。反之，若通达性系数小于1，说明该节点通达性高于网络系统平均水平。通达性系数最小的节点即为网络的中心节点。如下式：

$$A_i = D_i / \left(\sum D_i / n \right) \quad (i=1, \ldots, n)$$

$$D_i = \sum l_{ij} \quad (i=1, \ldots, n)$$

通达性系数 A_i 指各节点到达其他节点的总距离 D_i 与系统内所有节点总距离平均值的比值。在不同维度的网络中 D_i 和 l_{ij} 具有不同的含义，可以表述为基础设施网络中各节点间的空间距离、时间距离，也可表述为物流服务运营组织节点之间的交易成本。作为时间距离时，等于空间距离除以速度。

五、网络结构测度分析

（一）各阶段的网络结构测度

在网络成长过程中，节点和连线作为网络的构成要素，其数量、规模、关联、分布都在不断发生变化，影响到网络便捷度和运作效率。这些都可以通过上述四类测度来反映，在不同的成长阶段，这些测度数值会表现出不同的特征，综合起来可用于分析网络发育成熟度的阶段，找到差距点进行优化，进而促进网络成长。主要可以分为以下几个阶段进行各类测度的综合分析：

孕育期：在此阶段，少量小规模节点随机分布，没有形成空间聚集，因此网络规模小且空间聚集度 J 值小。此阶段的节点多为独立经营，相互关联和协作很少，因此系统平均路径 L 较大，交通通道不完善，系统距离 D_i 较大。

萌芽期：此阶段主要表现为节点从随机分布，到有选择性地做优势空间集聚，因此 J 值增高，成为区域增长极，在增长极的节点当中有部分节点属于政府扶植或具有市场垄断地位，因此产业聚集度 H 高，但是网络节点之间没有自由的半场交易行为，关系较为独立、单一、稳定，网络结构过于僵化，网络 L 值高且核心节点 C 值高。在此阶段，重要节点间的主要交通道路建设完善，A_i 降低。

成长期：此阶段网络规模 D_i 迅速成长扩大，主要表现在更大范围地区的优化发展，增长极辐射范围及其经济腹地的网络规模增大，因此空间聚集度用降低。市场化发展促使更多的节点加入，合作关联增多，并获得市场份额，但是市场规模的快速成长产

生过度竞争，因此产业聚集度 H 低，C 降低，平均路径 L 降低。此阶段各式交通网络进一步延伸和完善，A_i 持续降低。

成熟期：此阶段主要表现为节点间的关联和协同运作，市场经过竞争洗礼之后实现有序竞争，因此产业聚集度 H 比前一阶段有所提升，优质节点 C 增高且系统度分布呈现暴率分布，系统平均路径 L 降低。由于节点分布区域广泛，系统各地区实现更高级的均质发展，因此空间聚集度依旧不高。交通网络建设趋于成熟，网络规模增长缓慢，因此 D_i 和 A_i 保持相对稳定。

第八章　多维区域物流网络系统的协同运作创新模式

物流网络系统协同的目标是以系统整体目标为前提导向，实现整体网络系统的绩效最优，实现系统整体的资源合理分配，实现协同后的整体效益大于个体独力运行的效益之和。

在物流网络系统运作过程中，各维主体之间的网络结构形成和关联模式实现都需要通过物流产业各主体的联合与合作，集约化与协同化发展是物流产业发展的重要手段和不可忽视的趋势。本章从协同效应、协同层次、协同系统、协同机制四个方面进行研究。

第一节　基于平台的协同模式

基于平台的协同模式，是区域物流网络系统发展成熟过程中的重要产物，这也是其不同于其他产业和其他成长阶段的产物，在区域物流网络化阶段，涉及更多数量、更多类型的节点在更大的范围内进行物流服务作业。要实现如此大规模的复杂系统协同运作，必须建立一个在个体企业节点之上的协同平台，负责整个系统中各节点的信息共享和协同运作管理。整个协同平台由三个部分组成，分别是协调管理者、协调管理信息平台和物流园区（中心）。其中，物流园区（中心）是提供活动场所和设施的硬件平台，让物流供求各方在空间上聚集，协调管理者和协调管理信息平台则组成软件平台，让这些空间上聚集的企业能够协同运作，协调管理者借助信息平台工具进行协同运作管理。协调管理者借助信息网络平台工具，进行信息采集和协同决策分析，二者构成软件平台。物流园区（中心）则作为聚集节点的空间载体，成为硬件平台，两者相辅相成，共同构成区域物流网络系统的协同平台。

一、协同管理主导组织

在多维行为主体的网络化协同运作过程中，必须组建负责协同管理的主导组织。

该组织可由政府物流管理相关部门牵头、物流园区（中心）管委会、重点物流服务运营企业、专业第四方物流管理公司等系统重要成员共同组建而成。

该组织的性质是建立于个体利益之上的一个系统利益主体，不直接服务终端物流需求客户，作为中间管理者对系统内的资源统一调配和协同作业安排引导。通过系统协同效应所获得的增加收益作为资金支持，维持该组织继续平台的协调管理工作。

其职能职责主要包括推进系统信息化进程，负责参与信息系统平台的设计和运营管理（非技术管理、技术开发和维护交由计算机公司完成）；引导各类企业节点加入协同系统，进行信息共享；根据信息系统决策支持进行资源调配和协同作业安排；引导重点企业发展，培养集群化和有序竞争的市场发展环境；制定负责落实区域物流系统的协同运行奖惩和监管机制；开展招商引资和其他平台服务；协助政府参与重点项目规划，共同推动区域物流产业发展。

二、物流信息网络平台

对物流信息网络平台的分析在本书前面的章节已经进行了相关论述，信息平台的网络形态、该平台与其他主体的关联和构建建议在第四章进行了分析。

总体而言，其作为协同软件平台的功能包括采集各方主体信息，并通过提供信息服务于各系统成员主体，为协调管理者提供协同作业的决策支持方案，是协同平台的重要依托工具。

三、物流园区（中心）硬件平台

物流园区（中心）提供综合的物流作业场所，各类物流服务企业聚集在内部进行相关物流作业，成为它们空间聚集的硬件载体。总结其作为协同硬件平台的功能包括整合区域物流网络系统中的硬件资源，共享可用的硬件资源信息，为系统集群化协同运作提供公共设施和场所。

第二节　基于资源要素的协同模式

一、协同的资源要素体系

区域物流网络系统中各主体的资源包括物流服务所需的硬件实体资源（如仓储设

施和运输设备等）和软件资源（如知识资源等）个体资源优势产生的局部最优不能保证系统最优，只有通过系统内的资源协同使用，才能达到系统整体最优。

资源协同的基本思路就是将个体资源整合视为一个整体，根据用户需求和任务量，在协调管理者的决策支持引导下，进行统一的调用安排，通过相互配合和调用重组，形成合理的结构，充分发挥和利用资源效益。

资源要素的协同体系如图 8-1 所示：

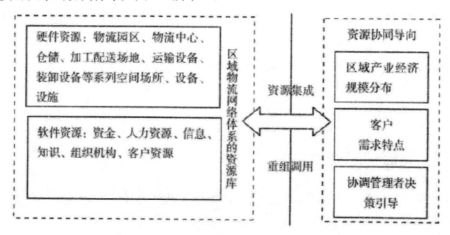

图 8-1　区域物流网络的资源协同体系

二、硬件资源协同

物流硬件资源之间保持衔接与协调，将系统中存在的那些小规模、分散、独立的物流硬件资源进行统一调配使用，避免有的个体资源空置、有的个体资源供不应求，可以从以下几方面实现：

（一）节点设备设施协同

对园区（中心）、各企业集中仓库和分散仓库进行统一规划和调用，首先设置合理的设施位置，考虑各式交通因素，适当地分布设置在铁路、港口、机场、公路等要道交会处然后根据设施规模、设施服务功能，优化设施服务结构和储备结构，进行联合存储、加工作业，并将各节点空余的仓储等设施信息推向市场。

（二）运输设备设施协同，多式联运、共同配送

各种运输方式具有不同的适用性，根据系统中客户的时间和价格预算需求，结合系统内的运输资源现状，统一安排适合的运输方式，提高运输设备使用率和多式联运

的衔接效率。

三、软件资源协同

（一）信息资源协同

物流信息资源协同运用是指对各类主体的各种物流信息资源收集、筛选、分类、整理、分析，合成系统协力运作决策支持的有效信息。

在电子数据交换（EDI）、全球卫星定位系统（CPS）、地现信息系统（GIS），条形码（BarCode）、射频技术（RF）等物流信息技术发展应用的基础上，构建社会公共信息平台及企业信息平台，各企业的信息平台之间应具备兼容的通信接口，使各种物流信息能够相互流动和进入公共信息平台，使公共信息平台成为不同物流运营个体之间信息流通的纽带，并建立信息共享机制使信息资源协同有效运行。

（二）资金资源协同整合

资金流最大的问题就在于物流建设投入和作业成本。物流企业的成本具有特殊性，固定资产折旧成本占总成本的比重较大，费用的发生期与收益期时差长，资金成本数额较大。因此各企业需要根据自身的投入成本和作业成本，将成本不具优势的业务进行外包合作，完成自己相对具有竞争优势的物流环节，形成自己的核心竞争力。

另外，企业之间可以通过兼并、参股、合资共建等方式，以股权形式实现不同主体之间的资金流动，使资金获得更大的使用收益。

（三）人力资源协同

区域物流系统的发展涉及各行各业，属于知识、技术、资本相结合的增值型服务业，因此对于综合素质高的专业人才需求很大，需要加强人力资源协同，实现人尽其才，具体措施如下：

建立物流人才资源数据库，进行物流人才资源信息的整合，便于调用；整合系统内各联盟企业的管理机构。重组联盟管理机构，选派业务精通、专业管理能力强的人才担任各级管理岗位；优化人才配置，提高作业效率，在全局的角度，根据作业需要，企业联盟之间可以相互调派管理人才，劳动力不足或是缺少管理人才的成员企业可以从人才库选拔和推荐人才。

加强学习交流，各企业应加强企业之间和外部培训等人才学习和交流活动，促进人才成长。

（四）组织协同

在现代物流产业的发展过程中，企业内部的组织结构设计科学化和企业之间的运营组织关联都影响到系统人、财、物的运行效率。因此应从企业内部和企业之间的组织协同进行分析：

企业内部的组织协同可以按照作业流程或者企业运营价值链的环节进行分工，明确各部门职责和交接手续，打破部门分割限制，按照规范流程协同运作。

各企业的运营组织之间协同打破单个企业界限，通过虚拟联盟的方式进行协同运作。通过契约协议，建立组织之间的信任和约束关系，使各组织在物流系统的整体集成运营中充分发挥各自的核心能力，共享受益、分担成本、共担风险。可采用以下几种联盟模式：①客户主导型联盟，适用于具有绝对优势的厂商把核心企业构筑的流通供应链。②分销商主导型物流组织整合模式，以大型零售商配送中心为核心，统筹流通供应链物流业务的零售主导型整合模式。③协作竞争型物流组织整合模式，同时存在两个以上实力相近的核心企业，在物流业务上呈现多级垄断格局的特征，体现出成员企业间建立在双赢基础上的合作伙伴关系。④物流代理型物流组织整合模式，以外部专业或行业性物流机构为核心，众多中小企业签订委托代理契约。

（五）客户资源协同

客户资源协同是指各物流企业根据客户需求的不同进行细分，结合自身资源优势和特点，为客户提供差异化、多元化和专业化的物流服务，企业之间共享关联的客户信息，共同根据整体服务方案为客户提供全方位一体化物流服务，既能提高客户的满意度，又能充分利用各企业的资源，实现双赢。

物流服务运营企业可以根据自身优势和客户资源选择关联模式。

基于流体要素的协同：将不同"货种"的客户进行合理的搭配，以降低运作的成本。例如，在同配送车辆中分别装载不同客户的轻货和重货，充分利用运能。

基于载体要素的协同：利用不同运输方式的连接性进行客户资源整合：各式运输企业共享需要进行联运衔接作业的客户资源，

基于流向要素的协同："去程＋来程"客户的整合，物流客户的物流活动具备双向性质，企业"来程"客户可以作为另外一些企业的"去程"客户，相互共享客户信息，可以减少返程空载率。

基于时间要素的协同：共享各企业物流运作的时间，更好地安排企业之间的物流交接作业，减少等待时间

基于价值要素的客户资源整合：大客户与小客户资源整合，低附加值与高附加值客户资源整合。大客户是企业利润的主要来源，小客户可以充分利用装载空余等富余

的物流服务资源以大客户的运作支出支撑完成两类客户的作业。另外，由于低附加值的作业量较大，为之支付的作业规模较大，可连带完成作业量不太大的高附加值作业，由于高附加值作业的产值比高于低附加值服务，两者协同完成可以促进资源利用收益率，获得更高的利润

第三节　基于作业活动的协同模式

基于作业活动的协同是指从全局角度，将区域物流系统内所有的运输、配送、仓储、包装、装卸搬运、流通加工等环节的作业活动进行协同运作引导，通过任务分包合作，对现有各类物流作业资源进行整合和重新配置，以实现规模协同效应，从而提高服务效率，降低系统整体运营成本。

根据作业环节，合作的方式可以分为不同环节之间的纵向协同模式及相同环节之间的横向协同模式和混合模式。

一、纵向作业协同模式

纵向作业协同模式是以供应链一体化管理为基础形成的，为原材料的采购、生产配送到终端销售提供采购、仓储、流通加工、运输及配送等一条龙的物流服务。它由上下游作业环节的物流企业相互协同，实现一体化物流服务。

这种协同模式属于优势互补型的协同，各自有独特的核心物流资源和能力以及专用资产，形成互补型协作。在构筑自身核心竞争力的基础上选择适当的物流企业完成上下游衔接作业，通过价值链重构，扬长避短，提高系统整体物流服务水平和竞争力，如配送公司与专业运输公司合作。

二、横向作业协同模式

横向作业协同是指提供同一种物流服务的企业之间共同完成该环节的物流作业，获得整体上的规模经济效益，提高系统整体作业能力和服务水平的一种模式。这种模式的实现可通过以下三种方式：

（1）以大型专业物流企业为核心，与中小型专业物流企业结成同盟，形成联盟形态，将某些资源外租或转让给其他中小型物流企业，共同完成某项物流作业，以达到项目目标的实现。

（2）通过众多中小型物流企业共同分包完成，这些中小型物流企业共同组建联盟，

通过联盟的协调管理者承接业务，再将任务分包给这些成员企业。

（3）大型物流企业之间进行强强联合，具有相似核心竞争力和资源能力的物流企业之间协同，获得该区域范围、该行业物流服务或者该环节在物流服务中的地位，获得更大的规模经济和协同效应。再如，不同地域之间的运输公司通过接力的方式共同完成整个运程的作业。

横向作业协同最大的优点在于扩展了单个企业的作业承接能力和服务地域范围，还可以改善以往恶性竞争的局面，使分散的资源进行集约化运作，提高市场集中度和集群化，促使市场有序运行。

三、混合模式

在实际的物流系统运作中还存在更加复杂的情况，即同时采用了纵向作业协同和横向作业协同的混合模式，既有处于物流作业上下游位置的企业，也有处于同一环节平行位置的物流企业进行协同运作。

第四节　基于股权的协同模式

本节分析不同企业间通过股权方式所建立的一种更紧密的协同模式。总体分为两大类，一种是有股权关联的模式，另一种是无股权关联的契约模式。前者根据股权关联的程度，分为兼并和参股两种；后者根据合作的紧密程度，分为战略联盟、特许加盟、外包托管和市场协议四种。

一、股权型协同模式

（一）兼并

并购是企业通过兼并、收购、合并等方式实现企业协同运作的重组方式，是法定产权主体之间发生的所有权、使用权等各项权能的转移行为，被兼并方的法人地位消失。按照物流运作的业务联系可以划分为如下几种：

横向并购。横向并购是指从事相同物流业务的企业之间的并购，其实质是资本在同一环节的服务部门中集中，迅速扩大物流服务和作业规模，提高市场占有率，其目的主要是建立和巩固物流企业在该领域的优势地位。

纵向并购。纵向并购是指并购与其所从事物流业务有前后关联的企业，其主要目的是实现物流服务的纵向一体化，促进物流服务过程中各个环节的密切配合，加速作业流程，缩短作业完成周期，降低交易费用，减少运输、仓储等费用。

兼并使不同企业的独立资源作为整体进行调配重组，带来规模效益，使物流企业的规模和实力迅速扩大，可降低企业进入新市场的成本，并通过优质资产和人才的注入，提高企业的管理效率。但是物流企业间的兼并再造属于跳跃式变革，激进变动对物流企业的正常经营活动会产生干扰，因此，需要重视防范兼并过程中的风险，通过持续的改善获得可持续性的长期竞争优势。

（二）参股

参股分为合资共建式和交叉持股式。

合资共建式是联盟各方共同出资或以其他资产形式入股，将各自不同的资产组合在一起，组成新的独立法人资格股份企业，分解成员企业单独发展的投资压力，通过整合共建企业的资源，进行物流服务作业。

这种协同关系中，各个物流企业都保持自己的法人独立性，适用于实力相近的企业共同开发客户和市场。

交叉持股式联盟是企业之间交换彼此的股份或者无形资产等各类资源，建立一种长期的相互合作关系。与合资共建式不同，这种方式不需要将各自的设备和人员合并另建，联盟企业之间仍保持相对独立性，但是在利益上共赢。

二、契约性协同模式

契约性协同是双方或几方在协商一致的基础上，按照约定的条件，共同协作，并且在合作型企业或组织中享有类似的权利，并承担类似的义务。按契约紧密程度的不同，可分为紧密型战略联盟、特许加盟、委托管理和市场协议。

（一）战略联盟

此种模式一般用于有业务往来或者业务相互影响的独立企业之间，这些企业从长远发展考虑，以各方物流运作资源为合作基础，通过签订协议的方式实现发展目标。这是一种各方按照商定的作业合作策略，共同完成服务项目，共同管理和规范作业行为，并共同分享服务收益的战略联盟，包括联合采购、联合配送、联合运输等多种与物流服务相关的联盟方式。

这种方式是企业间由于自身发展需要而形成的相对稳定的、长期的契约关系，超出正常的市场关系，而又没有达到股权合作的紧密程度，通过长期契约协议而结成优势互补，具有比市场稳定、比层级组织灵活、合作平等性、范围广泛性等特点，适用广各类大、中、小物流企业和非物流企业。

（二）特许加盟

物流服务作业需要物流企业在业务范围覆盖空间内分散化布局一定数量的网点，并且在业务上进行合作，每一个具体物流业务的完成都需要企业各网点之间的协调合作。由于这种空间分散的协调合作特点，出现了特许加盟的网络化扩张趋势。

特许加盟经营这种虚拟组织形式，是利用集团总部的品牌、客户资源、管理人才和管理方法等资源，加盟为物流集团的下属成员组织。加盟企业依旧保持独立性的同时，通过紧密而持续的合作形成物流服务体系，加盟企业根据总部运营导向进行物流作业活动，也分享整体利益，总部发挥组织管理等优势，集中进行战略规划、功能开发等，并为加盟企业提供信息和经营指导服务。

这种方式中，总部和加盟企业双方互利。一方面，总部能够在短期内使组织迅速扩张，形成规模经济效益，满足总部企业的网络化布局和节点业务合作的发展需求。另一方面，加盟企业借助于总部的财力、设备等有形和无形资源，与独自经营相比，能获取更多的作业量，并减少运营成本。

（三）委托管理

这种模式中，委托方以"物流托管合同"为契约方式，约束托管期内自己与被委托方的权责和经济利益。委托方将其公司内所有物流相关的运营和业务管理全部委托给专业的物流管理公司，被委托的物流管理公司需要对委托公司物流相关的人、财、物、业务等进行专业化管理，在托管期内达成契约规定的物流服务指标和成本指标，并按其完成的指标质量和创造价值的高低来获得经济收益。

物流托管的主要方式有两种：第一种是费率承包制，商定明确的物流服务标准和物流成本承包费率，参考差额部分支付报酬。通常此种方式较适合于业务和外部环境相对稳定、变革不大的企业。第二种是绩效管理制，商定明确的物流服务标准、固定目标托管费以及一个绩效奖惩比例。通常此种方式较适合于外部环境不稳定、业务变革性强的企业。

物流托管具有投入低、手续简便、启动风险低、内部控制力强、实行内部结算、交易成本低、退出机制灵活等优点。

（四）市场协议

各方按照市场行情的一般价格，进行服务地区、业务量和价格的谈判，确定交易关系并签订交易协议。这种方式一般以简单业务合作为主，交易协议在一段时间内有效，但是相对于以上其他模式时间更为短暂，所建立的关系属于普通的市场合作关系，按照协议和行业的通用管理方法进行服务质量监管惩罚。

这种方式一般不涉及资产转移，合作各方保持独立性，根据协议完成作业要求。这种合作方式灵活性强，投入小，容易达成协议。但双方的凝聚力不强，一旦出现市场变动，容易出现违约或者合作破裂，个体不确定性风险大。

第九章 基于大数据的物流服务创新模型与信息服务模式

随着云计算、移动互联网、物联网等新时代信息技术的不断发展和在各行各业的不断深入应用，社交网络、协同制造、电子商务等新型的商业模式和应用模式的不断出现和扩展，全球数据量日益膨胀。麦肯锡公司在其研究报告中指出大数据已经渗透各行各业、各个职能领域，大数据已经和自然资源、人力资源一样成为重要的生产要素。

对于大数据的概念，目前尚未形成统一的定义，维基百科、Gartner 公司和美国国家科学基金会等分别对大数据进行了定义，其中维基百科将大数据定义为："无法在一定的时间内用常规软件工具对其内容进行抓取、管理和处理的数据集合。"也就是说，不管是数据的规模、复杂性还是数据产生的速度都超出了传统的数据管理的能力，无法用传统的数据管理理论和工具进行存储、管理和处理。大数据时代的到来，对 IT 产业发展带来了巨大的机遇和挑战，IBM、Oracle、EMC、Google、Amazon 等跨国企业积极部署，其大数据发展战略将大数据作为其业务新的增长极。大数据也引起了各国政府的高度重视并成为其未来发展的重要战略布局，欧盟也将大数据及其基础设施建设作为 Horizon 2020 计划的优先领域之一。与此同时，大数据相关的研究已经引起了学术界的广泛关注，国际顶级期刊 Nature 和 Science 分别于 2008 年和 2011 年相继出版专刊对大数据的处理和应用进行专题探讨，ERCIM News 出版专刊对大数据时代的数据管理和基于大数据的技术创新问题进行了探讨。国内，2012 年 5 月香山科学会议组织了以"大数据科学与工程—— 一门新兴的交叉学科"为主题的学术研讨会，同年 6 月，中国计算机学会青年计算机科技论坛以"大数据时代，智谋未来"为主旨的学术报告会，对大数据的理论和应用进行了系统的探讨。同时，大数据深刻改变了企业的商业生态，对现代企业的运作和管理产生了深刻的影响。Bughin 等（2011）认为大数据将导致新的管理规则的产生，大数据将成为核心的竞争优势。Andrew Mc Afee 等（2012）认为数据将成为企业的核心资产，大数据将深刻影响甚至重构企业的业务模式。冯芷艳等（2013）从社会化的价值创造、网络化的企业运作和实时化的市场洞察三个方面对大数据背景下商务管理的前沿研究课题和应用进行了深入的分析。李文莲等（2013）从大数据资源与技术的工具化应用、大数据产业链以及基于大数据的行业跨界与融合三个维度对大数据驱动的商业模式创新进行了系统的分析。大数据是继物联网、云计算之后的信息科技领域又一次重要的技术变革，同时，大数据也已经成为产业转型发展、商业模式创新和新产业产生和发展的重要助推力量。

现代物流业是一个融合了运输、仓储、商贸和信息等产业的复合型服务产业，也是一个数据密集型的产业，物流公共信息平台的建设、物流业务网上交易、服务过程监控等环节积累了海量的数据，形成了物流大数据环境。物流大数据如何影响物流服务的运作模式，如何有效地通过物流大数据的开发和利用，促进物流服务模式的创新和促进物流产业的转型发展是大数据环境下物流管理与工程领域迫切需要解决的一个关键问题。

第一节　物流服务创新的相关研究现状

物流服务创新是一系列与物流服务相关或针对物流服务的创新行为与活动。物流服务创新的实质就是要通过创新实现物流服务的差异化，获得竞争优势。物流服务创新的研究始于 20 世纪 80 年代。目前国外对物流服务创新的研究主要集中在物流服务创新的影响因素、物流服务创新扩散及物流服务创新结果等方面。在物流服务创新的影响因素的研究方面，知识因素、技术因素和关系网络因素被认为是影响物流产业服务创新的关键因素，同时，金融、管理资源以及公司的经营环境也会对物流服务的创新产生重要的影响。在物流服务创新扩散方面 Holmqvist（2006）对 RFID 技术在物流服务创新扩散中的特点及作用进行了深入的研究 .Russell（2004）则对 IT 技术在航空物流创新中的应用进行了研究，上述研究结果都表明物流技术的创新能够为物流业带来更高水平的可靠性、效用性和生产力。物流服务的创新对物流行业和物流企业管理和服务水平带来的效益已经得到学者们的一致认同。Panayides 通过实证分析得出物流服务创新对物流服务提供者的效率有积极影响；Richey 通过研究发现逆向物流创新对物流操作服务质量具有正相关关系，以顾客需求为导向的技术应用可以提高服务质量。

国内最近几年才开始关注物流服务创新的研究，虽然起步较晚，但发展迅速，在物流服务创新模式、物流服务的创新路径和物流服务创新实证研究等方面已经积累了一定的成果。张光明（2006）提出了跟随竞争创新、顾客需求主导创新、物流技术创新、物流网络创新、增值物流服务创新等物流服务创新模式，并分析了各种模式的优缺点。基于服务科学理论提出了物流服务创新的价值链体系结构和创新过程模型。吕赞等认为应该从国情出发，优化整合物流服务创新模式，并提出了自主创新模式、模仿创新模式、合作创新模式三种物流服务创新模式。物流服务创新路径是服务创新的具体途径，翟运开提出了物流服务应该从新服务概念、新客户服务界面、新的服务传递系统、技术选择及物流服务创新战略的选择与协调等五条路径推动服务创新。李毅和黄永斌分别从物流金融服务和物流信息服务等物流增值服务角度提出服务创新的方向和路径。王琦峰（2013）在分析云物流特点的基础上，提出了云物流的物流产业集群服务创新模式，为物流产业集群环境下物流服务创新提供了新的思路。

综上，从现有的研究文献来看，物流服务创新作为促进物流产业发展、提升供应链服务水平的重要途径已经引起了学术界的高度关注，目前，国外对物流服务创新的研究主要集中在物流服务创新的影响因素、物流服务创新扩散和物流服务创新的结果和绩效三方面，偏中观和微观的研究。国内的研究则偏向宏观方面，主要集中在物流服务创新的动力机制、模式和路径的研究上。国内外的相关研究已经意识到信息技术应用对物流服务创新的影响，但相关的研究只局限在特定的信息技术（如 RFID 技术）和信息系统上，还未从系统的高度意识到大数据等新一代信息技术对物流服务创新和运作带来的革命性的变革，大数据如何影响物流服务的创新，具体的创新模型和途径等问题有待深入的研究。本章将从大数据驱动物流服务创新的机理入手，构建基于大数据的物流服务创新模型，并探讨以大数据促进物流服务创新的相关对策。

第二节　大数据驱动物流服务创新

新一代信息技术（如云计算、物联网等）的发展和在物流行业的应用促进了智慧物流的发展，使得物流行业实时的业务处理和可视化监控成为可能，在数据层面实现了从基于关系数据库的联机事务处理到数据仓库、数据和文本挖掘、数据可视化的不断发展和演化，而在业务层面则实现了物流业务的协同、物流运作过程的可视化和透明化，极大提升了物流服务供应链的运作效率。智慧物流的深入应用推进了物流大数据的形成，智慧物流环境下物流大数据具有如下特征：

（1）物流数据来源的多样化。为实现物流服务过程的协同化和实时的信息共享与智能反应，智慧物流平台需要实时地采集物流服务运作过程中的各类数据，智慧物流的数据包括物流服务的交易数据、物流信息化系统内部的物流调度管理数据、视频监控数据以及服务过程中的各类交互数据，智慧物流平台要提供相关的接口和适配器进行数据的采集、传输和存储。

（2）物流数据类型的多样化。智慧物流中的数据由于来源多样，其数据也出现多种类型，包括结构化数据、半结构化数据和正结构化的数据。其中，物流服务的交易数据和物流信息系统的调度管理数据属于结构化数据，可以用传统的关系数据库进行管理和存储；而物流服务过程监控的视频数据、基于社交网络的物流服务过程交互文本、语音等数据则属于半结构化或非结构化数据。在智慧物流平台中，其中半结构化和非结构化数据往往占据数据总量的 85% 以上。

（3）物流数据规模的海量化。物流服务的运作无时无刻不在产生数据，随着智慧物流系统的实施和应用，数据呈现指数级的增长态势，数据容量从 GB、TB 向 PB、EB 级增长，物流大数据的海量化不仅体现在其体量的"大"，同时，数据的管理和分析已经超出了传统信息技术架构的承载和处理能力，物流大数据将推动新的数据管理和分析技术的创新和发展。

（4）物流数据处理的实时化。区别于传统的物流信息系统应用环境，在智慧物流环境下，物流的业务涉及信息的感知、传输、监控和管理等环节，数据的产生速度非常快，同时要求实时地对数据进行处理，实时地对客户的需求进行响应，因此，对实时的数据处理也是物流大数据的重要特征。

同时，大数据背后蕴含着极高的经济价值和社会价值，大数据被认为是与自然资源、人力资源一样重要的战略资源，与其他信息技术一样，物流大数据为物流产业的发展提供了一种新的资源和能力，为物流企业挖潜客户需求、创造新的客户价值、解决客户个性化的物流服务需求提供了一种新的思路和途径。

通过物流服务创新，提升物流服务质量和水平既是提高物流企业竞争力的重要手段，也是促进物流业与其他产业协同发展、提升产业层次和竞争力的重要举措。随着大数据时代的到来及云计算等新一代信息技术在物流行业的不断应用，大数据既为物流企业提供了一种新的资源和能力，从而为其发现、创造客户价值提供了新的思路和途径，也在很大程度上改变了客户对物流服务内容和服务方式的需求。大数据在服务理念和运作模式上成为物流服务创新和产业升级的重要推动力。

在大数据的背景下，由于精准的数据分析和无限接近客户的实际需求，物流服务的提供和价值创造的理念在不断发生新的变化，具体表现在以下方面：首先，新的物流服务不断产生，如物流信息分析服务就是基于大数据的精准分析，能够为客户的物流发展战略提供决策支持；供应链金融服务则是通过大数据提供的实时的端到端供应链信息，通过实时的监控和数据分析，银行为上下游企业在供应链的各个环节提供融资服务，以及支付结算、现金管理、保险代理等金融解决方案。其次，物流服务的实时化、主动式服务。大数据的实时化采集、处理以及多源数据的快速分析使得物流服务提供并能够随时随地地捕获客户的需求并主动地为其提供服务，如在物流服务的执行过程中，通过快速地对 GPS/GIS、车辆及周边温度、湿度等环境数据的采集、分析和处理，通过短信、微信等方式主动地将物流服务的执行信息和实时状态信息推送给客户，实现实时化、透明化的服务。最后，大数据为客户参与物流服务创新提供了可能。客户对物流服务的需求已经由单一的功能服务开始转向面向解决方案的一体化物流服务，利用物流服务提供者和客户积累的大数据，并基于互联网通过云物流平台加强与客户的互动，主动引导客户参与物流服务解决方案的创意设计、服务质量保证和运行管理体系的设计和实施等关键环节，根据客户的互动反馈完成服务解决方案的优化与创新，从而实现物流服务提供商与客户的协同发展。

数字化、网络化和动态化已经成为现代物流企业运作的主要特征。大数据作为现代物流企业运作的基础技术条件和外部环境，不管是在物流企业的内部运作还是外部的服务网络重构，都对现代物流企业的运作产生着巨大的影响，正在逐渐改变现代物流企业的运作环境和运作模式。首先，在物流企业内部，大数据蕴含的巨大价值将有效促进物流企业关键业务流程的整合与创新，如物流大数据的分析、处理能够使物流成本的管理可视化和实时化，从而重构物流成本管理的体系和流程；其次，在产业链层面，大数据能够有效实现供应链合作伙伴之间的协同与信息共享，从而促进供应商、制造商、物流服务提供商、客户等商业主体通过供应链网络为纽带，将云计算平台和大数据紧密结合起来，通过业务协同、数据共享，从而构建网络化的产业生态系统；最后，通过基于大数据的物流公共信息平台（如第四方物流平台、云物流平台、物流电子商务交易平台等），能够有效地集聚地理上分布的各类物流服务提供商，通过平台的交易机制、协同机制、利益分配机制等运作机制有效整合物流服务资源和能力，通过形成"物流服务联盟""虚拟企业"等形式为客户提供一体化的物流服务解决方案，实现物流服务资源的优化、动态组合和共享。

第三节　基于大数据的物流服务创新理论模型构建

物流服务创新的核心是运用新的物流服务理念，基于先进的信息技术、管理技术和物流技术，创新物流服务生态、物流运作管理流程和管理模式，从而为客户创造新的价值。基于上一节分析的物流大数据的特征及对物流服务创新的驱动机理，本章基于已有的物流服务创新模型的研究成果，提出一种基于大数据的物流服务创新集成模型。

基于大数据的物流服务创新集成模型是一个集成的多层次服务创新模型，它由三条服务创新主线、两个服务创新过程、四个服务创新维度和一个服务创新技术支撑体系构成，下面分别从物流服务创新的主线、物流服务创新的生命周期、物流服务创新的维度构成和物流服务创新的技术支撑全方位地对物流服务创新模型进行系统的描述。

一、大数据环境下物流服务创新的三条主线

大数据时代对物流业所处的商业环境和物流企业运作带来的变革是全方位的，它不仅改变了客户对物流服务需求的内容和服务方式，同时作为一种新的资源和创新能力，它对物流行业及产业链的优化和重构提供了一个新的契机和实现途径，同时，它在重塑物流服务产业链的同时也将形成其面向物流行业的大数据产业链及其服务模式。

（1）大数据支撑下的物流企业层面的服务创新。物流大数据资源的有效利用是物流企业创新服务模式，追求差异化的重要手段。随着物流服务的生产和价值创造过程中客户的参与度逐渐深入，如何将历史的物流服务运作数据、当前的业务运作数据以及与客户的互动交流数据实时集成和分析是获取客户真实需求并为客户提供个性化服务的前提和基础；实时、动态地采集物流服务运作过程中的各类异构数据并进行传输、分析和处理，主动地推送给物流服务的管理者，有利于优化物流服务的流程，改进物流服务的经营模式，同时基于大数据的可视化、实时化和个性化的物流信息服务将极大提升客户的服务体验，提高客户对服务的黏性；大数据也将推动如供应链金融服务、在线物流服务交易、在线数据分析等新的物流增值服务的产生和发展。

（2）大数据支撑的物流行业层面的服务创新。大数据是推动物流产业升级的主要推动力量，大数据对推动物流产业与其他行业互动发展、物流服务供应网络协同与优化、基于大数据平台的物流行业商业模式创新等方面起着重要的作用。首先，物流产业与其他产业的联动发展的基础是业务协同和数据共享，而数据共享又是业务协同的基础，物流大数据与制造大数据、商贸大数据的交换和协同能够有效推动产业的联动发展与转型升级。其次，大数据能够支撑物流服务供应网络全方位的整合和优化，在纵向整合方面，通过大数据共享、精准分析和智慧化服务能够实现基于价值链的物流服务供应链集成和优化；在横向整合方面，通过面向行业的物流大数据集成和共享，能够吸引和聚集各类物流服务资源和能力，从而实现社会物流资源的整合和优化。最后，通过构建基于大数据的物流公共信息平台，能够创新物流服务模式，如基于双边市场的物流电子商务服务、基于 SaaS 的物流信息服务等。

（3）大数据产业链层面的服务创新。从一般意义上讲，大数据是一系列面向数据采集、传输、存储、分析和服务等技术、方法和产品的集合，从技术层面分为硬件层、平台层和软件层。随着大数据的重要性引起物流行业的不断重视及应用的不断深入，大数据与物流行业不断融合促进广大数据产业链的形成，同时也推动了物流大数据产业链服务创新。在大数据的技术层面，随着公计算在物流行业的应用，大数据平台的建设模式不断创新、加上云平台的大数据硬件租赁、大数据平台租赁以及大数据软件

租赁已经成为大数据平台架构和运营的主要模式，大数据分析逐渐成为大数据时代在线物流服务的主要形式。在这一背景下，行业巨头纷纷部署各自的大数据战略，突破其原有的产品、业务边界，构建涵盖咨询服务、方案设计、系统建设、数据库、数据分析系统、操作系统、主机等一体化面向大数据的服务解决方案，围绕客户的大数据服务需求进行服务创新。

二、大数据环境下物流服务创新的生命周期

从系统的角度来看，大数据环境下物流服务创新的生命周期分为新物流服务构建阶段和物流服务运行阶段，其中，新物流服务构建阶段由物流服务模式规划、物流服务设计和物流服务系统实现三个步骤构成，这三个步骤是在大数据支撑下、客户参与下的物流服务协同设计和实现的过程。物流服务运行阶段由物流服务提供、物流服务绩效评价和物流服务改进三个步骤构成，通过物流服务提供商与客户的共同参与，实现物流服务价值的创造。

（1）新物流服务构建阶段。物流服务模式规划是物流服务设计和物流服务系统实现的起点。物流服务提供者首先要基于自身的发展战略，从全局的角度确定物流服务创新的目标及服务的价值，然后，通过基于大数据平台对客户偏好、需求及历史物流运作数据的挖掘和分析，识别参与服务的各方参与者（如客户、服务合作伙伴等）并通过服务协同设计平台、门户和社交网络与客户进行互动交流，定义服务的具体需求及服务参与者之间的协同运作与价值分配机制，从而为物流服务系统的建立和运行构建蓝图；在此基础上，通过基于网络的互动和协同，物流服务设计者从服务行为模型、资源模型、组织模型、过程模型、信息模型等多个维度对物流服务进行规范的模型化设计，并通过基于行业标准的方法（如服务蓝图法、Web 服务规范）对物流服务进行模型的建模和设计；最后，基于面向服务架构相关技术和标准，在云计算平台的支撑下，将物流服务模型转化成相应的物流服务系统并进行部署，以支持下阶段物流服务的提供与集成化运作。

（2）物流服务运行阶段。物流服务运行阶段是物流服务价值创造的具体实现过程。通过线上与线下（O2O 模式）相结合的模式为客户提供个性化的物流服务，同时，基于物流大数据平台的实时数据采集、传输、存储、分析和管理等功能，为物流服务提供商和客户提供实时的物流运作数据，对物流服务过程进行可视化的监控，并根据客户的需求，提供满足其需求的个性化物流数据分析服务。在物流服务绩效评价阶段，可以通过多种方式对物流服务的质量和绩效进行评价，如参与物流服务的各方根据各自的服务满意度为对方进行主观打分，同时，物流服务平台通过对物流服务执行环节

的关键服务质量控制点的实时数据采集和监控进行服务质量的评定，并通过相应的服务质量和绩效评价模型进行综合的评价。最后，根据物流服务的绩效评价和客户的反馈，对物流服务进行改进和完善。

三、大数据环境下物流服务创新的四个维度

物流服务的创新是一个复杂的系统工程，它由多个要素构成，各个要素的相互组合和相互作用催生物流服务的不断创新。本章结合物流服务的特点及服务创新领域的已有研究成果，从四个维度对大数据环境下物流服务创新的要素进行分析，这四个要素分别是物流服务概念创新、客户接触创新、物流服务传递系统创新和物流服务技术创新。

（1）物流服务概念创新。物流服务概念创新就是提出新的物流服务理念，以客户的需求为导向创造新的物流服务。通过对大数据环境深入分析和挖掘，物流企业要准确认识和洞察自身及竞争对手提升的各类服务，同时通过在线平台和社交网络及时了解客户对已有服务的反馈，不断改进和完善已有服务，并通过与客户的互动，不断创造新的物流服务理念和空间。

（2）客户接触创新。客户接触创新是客户界面的设计，即物流服务提供方式及与客户交流、合作界面的设计，客户接触创新是互联网时代物流服务创新焦点之一。在大数据和互联网环境下，客户越来越参与到物流服务的创新与运作过程，客户对物流服务的实时性、准确性的要求越来越高，更加注重物流服务体验，因此客户界面的设计越来越重要，需要基于大数据的精准分析和挖掘为客户提供实时在线的数据分析和基于网络的互动交流和协作的平台。

（3）物流服务传递系统创新。服务传递系统是指生产和传递新服务的组织及其运作系统，有效的物流服务传递系统对促进物流服务的创新和新服务的推广具有重要的作用。大数据改变了物流服务供应链的结构和物流企业的运作模式和服务提供方式，这必然要求物流服务企业的员工在服务模式、协作模式等方面通过不断的学习和培训，在新的服务理念和技术的支持下提升服务的水平和能力，从而促进物流服务创新的顺利进行。

（4）物流服务技术创新。物流行业作为数据密集型和技术密集型的复合型服务产业，技术创新是物流服务创新的重要推动力，新技术的采纳和应用在物流服务创新中扮演着重要的角色。物联网技术在物流行业的应用催生了智能物流的兴起和发展，同样，大数据相关技术的采纳和应用，更是推进了物流产业向智慧化的方向发展，同时，基于大数据的服务也开始成为物流服务领域一项新的物流增值服务。物流服务技术的

不断发展在提升物流服务水平和客户满意度的同时，不断促进物流服务的创新和产业的发展。

以上每一个创新维度的发展都影响着物流服务的创新、服务理念的发展和服务水平的提升，而物流大数据则很好地对物流服务概念创新、客户接触创新、物流服务传递系统创新和物流服务技术创新这四个创新维度进行了整合，在企业、行业和产业链多个层面对物流服务的创新提供了理念、运作和技术的支撑。

四、大数据环境下物流服务创新的技术支撑

大数据时代的到来，给物流服务创新提供了前所未有的商业环境和技术环境，而所有这些都依赖于大数据相关的信息技术以及与物流运作相关的物流技术的支撑，物流大数据价值的体现和对物流服务创新的促进是多种技术协同作用的结果，具体包括云计算、物联网、社交网络、物流信息系统、物流装备技术及面向数据全生命周期的大数据管理服务等相关技术，其中云计算为大数据应用提供了基础的平台和关键技术，云计算在物流行业的应用及 IaaS、PaaS、SaaS 等各种服务模式的提供为物流大数据的存储、管理和分析提供了从硬件环境、系统平台和应用软件的一体化解决方案；物联网相关技术则为物流大数据的实时采集、传输、分析和反馈控制提供了技术支撑，为物流服务全过程的可视化管理、过程监控和面向产品生命周期的信息追溯提供了运作平台；社交网络则重塑了物流企业与客户、员工、合作伙伴的沟通渠道和模式，为大数据环境下客户参与物流服务创新、实时动态捕获客户对服务的需求及开展精准、全面的服务营销提供了互动交流和业务协作的平台。物流信息系统（如 WMS、TMS 等系统）和物流装备技术（如立体仓库、车载系统等）的采纳和应用则提高了物流企业提供服务的软、硬件水平，同时，物流信息系统和基于数字化的物流装备技术和系统的运行产生大量的过程数据，为基于大数据的业务流程优化和服务创新提供信息支持。

由于物流大数据 4V1C 的特征决定了传统的数据管理技术和工具无法满足面向数据生命周期的大数据管理服务的需求，面向大数据的数据采集、存储、处理、分析和服务的大数据应用技术体系逐渐形成。在物流大数据采集阶段，伴随着物流服务全生命周期的业务运作，传感器技术、条码技术、RFID 技术、移动终端技术以及基于 Web2.0 的社交网络平台等多源、异构的物流大数据被采集和传输；基于云计算平台的分布式文件系统（如 GFS、HDFS 等）和基于 NOSQL 的分布式数据库系统（如 BigTab1c、Dynamo、PNUTS 等）已经成为大数据环境下大数据存储的主流模式，而Map Reduce 模型也成为大数据处理的主要模式。采用标签流、历史流、空间信息流等可视化技术和用户参与的交互式数据分析成为大数据环境下，数据分析和展示的主要

模式和技术。数据即为服务和分析即为服务也成为大数据环境下物流服务创新的一种重要的模式和关键技术。

五、基于大数据的物流服务创新理论模型各构成要素之间的逻辑关系

在大数据环境下，物流服务创新的主线、物流服务创新的维度、物流服务创新的生命周期、物流服务创新的技术支撑是四位一体的，相互促进、相互支持，具有辩证统一的紧密关系。首先，物流服务创新的三条主线指出了大数据环境下物流服务创新的方向，区别于一般的单一物流企业内部的服务创新，物流大数据的挖掘、利用、共享促进了基于物流服务供应链的面向整个物流行业的服务创新，同时，物流产业与以大数据为代表的信息产业的相互融合促进了信息产业及信息服务提供模式的创新，使得物流服务创新链不断延伸、拓展和跨越产业的边界。其次，物流服务创新的维度指出了物流服务创新的具体途径，大数据服务的理念及相关的信息技术突破了传统的物流服务创新四维模型的内涵，更加有机地对物流服务创新的相关要素进行了整合，并提供了具体的平台和技术支持。再次，物流服务创新的生命周期则是在物流服务创新的方向和具体途径的指导下，遵循服务创新的客观规律对新服务进行规划、设计、实现和实施的过程，为新物流服务的实现提供方法论的指导。最后，物流服务创新的技术支撑是大数据环境下物流服务创新的基础和保障，云计算、物联网、社交网络、物流信息系统、物流装备技术以及面向数据全生命周期的大数据管理服务等相关技术的协同应用为物流服务的多层次、多种模式的创新提供了技术基础和实现保障，是物流服务创新方向和具体途径的技术实现。但同时，应该认识到大数据环境下物流服务创新并不是上述要素的一种线性、简单的组合过程，在不同的需求环境和技术条件下，大数据的连接、产业的联动和融合、各创新要素的动态组合都将带来更加贴近客户需求、更加个性化的物流服务创新模式。

第四节 基于数据即服务理念的物流信息服务模式

物流服务是为满足客户需求所实施的一系列物流活动产生的结果，而信息服务是物流服务过程中的一项重要的服务功能，如物流市场信息服务、物流订单信息服务、货物存储信息服务、物流执行状态服务等，及时的物流信息服务对物流服务供需双方都具有重要的价值。随着物流服务整体外包的不断发展，物流服务的个性化需求不断

凸显对物流服务过程的信息服务要求越来越高。首先，客户在业务的深度和广度上对物流服务信息提出了新的要求，具体表现在以下两个方面：能够全方位地了解物流服务生命周期过程中的所有物流服务信息；能够实时地、通过多种方式了解物流运作的当前状态，并与自身的业务系统进行无缝集成以实现业务的协同。其次，物流服务提供商面对不断加剧的市场竞争，需要通过物流信息服务来降低运作成本、提升物流服务水平和创新物流服务，如通过提供实时在线的物流信息服务提升客户的物流服务体验，从而提升客户的满意度；通过物流信息的有效管理和处理提高物流运作效率，降低物流成本等。最后，政府、金融等中介机构也对物流信息服务提供了需求，如政府要求危化品物流服务提供商提供相关的信息实时地对危化品车辆进行监控管理；银行要求提供实时的物流信息以支持供应链金融模式的运行等。这些都对传统的物流信息服务模式提出了新的挑战。

一、基于数据即服务理念的物流信息服务模型架构

人类已经进入大数据的时代。大数据不仅体现在数据量的海量性，其产生的快速性、来源的多样性、数据结构的异构性以及复杂性超出了传统数据管理方法和工具的能力，但是，大数据蕴含着巨大的社会、经济价值，大数据的有效开发和利用将对社会经济和产业发展具有重要的推动作用。现代物流业是一个融合了运输、仓储、商贸和信息等产业的复合型服务产业，是一个典型的数据密集型产业，智能物流系统的建设应用、物流实时监控平台的运行及物联网相关技术的应用，催生了物流大数据，物流大数据深刻改变物流企业的商业生态，对物流服务的提供模式、客户的物流服务体验产生了深刻的影响。大数据背后蕴含着极高的经济价值和社会价值，大数据被认为是与自然资源、人力资源一样重要的战略资源。与其他信息技术一样，物流大数据为物流产业的发展提供了一种新的资源和能力，为物流企业挖潜客户需求、创造新的客户价值，解决客户个性化的物流服务需求提供了一种新的思路和途径。

随着云计算、物联网等新一代信息技术在物流服务过程中的应用，这些应用的推进在提升物流系统效率的同时也促进了物流大数据的形成，从而为面向物流服务全生命周期提供实时、全面的信息服务提供了技术基础。云计算、物联网和大数据的深度融合促进了物流信息服务的提升和创新，使数据即服务这种大数据环境下新的物流信息服务模式成为可能。数据即服务是大数据环境下云服务理念及技术在物流行业应用的深化和发展，它是在云计算提供的基础设施即平台、平台即服务、软件即服务基础上的延伸和发展，围绕物流大数据的生命周期，通过整合物流大数据信息提供商的各类物流数据，在物流大数据信息服务平台的支持下，由物流大数据信息服务提供商以

服务的方式为各类信息需求者按需提供信息服务的一种物流服务模式。

数据即服务是将现有的物流信息服务模式与云计算、大数据、物联网、高性能计算、物流装备、商业智能等技术融合，实现面向物流服务生命周期的物流信息统一的、集中的智能化管理和运营，为相关的信息需求者提供可按需获取和使用的、安全可靠的物流服务运作过程中涉及的各类物流服务信息。在具体技术实现上，基于数据即服务理念的物流信息服务，借助云计算平台的强大资源整合能力、信息分析、数据挖掘能力和平台提供的信息资源虚拟化、动态资源服务集成的能力，以用户需求为驱动，按需提供集成的增值服务。

二、基于数据即服务理念的物流信息服务模式

基于数据即服务理念的物流信息服务模式是一种典型的云计算环境下多源信息服务模式在物流行业的应用，它具有按需服务、快速灵活、规模超大和可扩展性高等特点。它是基于物流大数据信息平台，以物流大数据集成商为中介，为大数据信息服务提供商和大数据信息服务需求方搭建桥梁，以云服务的方式提供各类物流信息服务。

在基于数据即服务理念的物流信息服务模式基本框架中，涉及三类角色和一个平台，即物流大数据信息服务提供商、物流大数据信息服务需求方、物流大数据信息服务集成商和物流大数据信息服务平台。

（1）物流大数据信息服务提供商为物流服务全生命周期提供数据信息的各类角色，包括提供物流服务信息的第三方物流企业、提供物流需求信息的客户、提供物流定位信息的 GPS 解决方案提供商以及提供解决方案的物流咨询公司等，它们通过大数据信息服务平台、社会网络等各种途径提供与物流服务运作相关的各类信息。

（2）物流大数据信息服务需求方则是在物流业务运作过程中需要获得信息服务的各类角色，包括客户、政府主管部门、处于服务供应链各环节的第三方物流服务提供商、金融保险机构等，它们通过大数据信息服务平台获得其所需要的物流运作的各类信息以支持业务决策与流程优化。

（3）物流大数据集成商则依托物流大数据信息服务平台，通过物流大数据的采集、处理、分析和应用，为物流大数据供需各方提供面向物流服务运作全生命周期的个性化物流服务信息，物流大数据集成商可以是独立的第三方运营商依托物流大数据公共信息服务平台提供服务，也可以是物流服务供应链中的龙头物流服务企业依托其强大的供应链运作能力和集成化的供应链大数据平台为物流服务供应链环节中的相关企业、客户、监管部门及中介机构提供各类信息服务。

（4）物流大数据信息服务平台是实现物流大数据采集、存储、分析和应用的信息

平台，它依托云计算技术和面向服务架构构建，支持物流大数据提供商将物流数据以服务的方式在平台上进行注册和发布，以及物流大数据需求方在平台上进行大数据信息服务需求的发布。通过物流大数据信息服务平台提供的大数据信息服务供需匹配、交易管理、业务协同过程中信息服务提供、服务结算等功能，以物流信息服务链的方式为物流大数据信息服务需求者提供实时、在线的物流大数据信息服务，从而有效整合物流资源，提高供应链的透明度。

三、数据即服务理念下物流大数据信息处理流程

基于数据即服务理念，依托物流大数据信息服务平台，有效整合了物流服务供应链中物流信息服务提供商信息服务资源，实现了实时、在线的物流大数据信息服务。在物流大数据信息服务平台的支撑下，物流大数据的处理流程包含物流大数据采集、物流大数据处理、物流大数据分析和物流大数据应用四个环节。

（1）物流大数据采集是在识别数据来源的基础上，围绕物流服务供应链运作的全过程通过物联网、社交网络、物流大数据服务平台的门户以及通过集成适配器从物流服务供应链各成员的信息系统进行集成。同时还需要通过专家团队及相关的专业机构采集物流行业信息、国家及国际宏观经济环境、政策法规、市场及竞争对手的服务产品信息等。物流大数据采集是物流信息服务的基础，物流大数据的采集必须确保物流运作相关数据的准确性、及时性和全面性，同时根据物流大数据的来源不同、格式不同和实时性要求不同等特性确定具体的数据采集方法。

（2）物流大数据处理主要是对采集到的物流大数据进行抽取、清洗和存储，为下一步的大数据分析提供基础。物流大数据来源的多样性、结构的异构性及内容的复杂性使得物流信息服务的数据挖掘和服务展示的难度大大增加，因此，对于异构的物流大数据首先要根据相关类别物流大数据的特性进行数据抽取，使这些复杂的数据转化成单一或者便于处理的数据结构。在此基础上，通过一定的业务规则对物流大数据中的噪音数据及冗余数据进行"去噪"和"去冗"操作。最后，基于大数据的存储技术（如HDFS、Big Table 等）对物流大数据进行有效的存储。

（3）物流大数据分析是在云计算平台和大数据的系统架构之上，采用云计算编程模型和大数据挖掘技术围绕深层次的物流信息服务需求进行物流大数据分析处理的过程。目前的大数据分析是构建在 Hadoop 架构之上，通过 HDFS 存储物流大数据架构Hadoop 集群中所有节点的文件，并基于列的数据库系统 HBase 对所需要的海量物流数据进行访问。在此基础上，基于云计算的编程模型 Map Reduce 将物流数据处理任务抽象成一系列的 MaP 操作和 Rcduce 操作对，分别完成数据的处理和集聚操作。而

物流大数据的挖掘则是对预处理好的物流大数据通过关联分析、社会网络分析、聚类分析、数据流挖掘等数据挖掘的方法和工具进行深入挖掘发现有价值的知识和模式，从而为物流服务运作决策提供支持和服务。

（4）物流大数据应用则是在物流大数据分析和数据挖掘的基础上，以可视化的方式，为物流大数据需求方提供各类物流服务运作的信息，包括物流服务市场供需的趋势分析、物流服务运作的状态信息、物流服务运作的绩效信息、物流服务提供商的服务质量信息等。这些信息既能够为客户选择物流服务提供商提供决策依据，也能够为物流服务提供商改善服务质量、创新物流服务提供信息支持，同时也是物流行业主管部门出台相关政策措施的重要参考依据。

第五节　危化品物流大数据信息服务应用

危化品物流运输是一类专业性很强的物流运输服务，由于危化品具有易燃、易爆、有毒、有腐蚀性等特性，其物流运作相比其他商品的物流运作更加复杂，管理要求更高。随着客户对危化品物流过程可视化、精细化管理的需求不断提高以及政府主管部门对危化品物流监管的不断强化，开展危化品物流运输全过程的信息服务势在必行。本研究从宁波市危化品物流运输行业的现实需求出发，基于物流大数据的相关理论，结合企业的项目实际进行了基于物流大数据的危化品运输信息服务实践，具体来说就是依托两个市场（宁波中国液体化工交易市场和四方物流市场）、构建一个系统（智慧物流系统）、整合社会物流信息资源（危化品物流相关的仓储、运输、金融保险等全过程物流信息服务），基于数据即服务理念为客户提供面向供应链的一体化物流信息服务解决方案。

（1）危化品物流交易大数据平台，由宁波中国液体化工产品交易市场和四方物流市场构成，其中宁波中国液体化工市场是危化品的网上交易市场，是目前国内最大的液体化工交易市场，大量的危化品交易发生后部分物流服务需求将发布在四方物流市场平台上，该平台是危化品网上物流服务需求的主要来源之一；四方物流市场则是一个基于云计算技术的集物流服务交易、供应链管理、物流信息交换、电子口岸服务等多功能的智慧物流服务平台，能够提供危化品物流交易、运作过程的信息服务。

（2）基于大数据的社会物流信息服务资源整合与信息服务提供。区域内的危化品物流信息服务资源和能力，如仓储、运输、监控系统、信息服务、物流信息化软件管理等物流信息资源和能力通过物联网、系统适配器及集成结构采集和传输后，基于云计算和大数据的处理技术通过虚拟化和服务化封装后发布到四方物流市场平台，形成物流信息云服务，能够以服务的方式提供给信息的需求者。物流信息服务可以基于定制的方式由危化品物流交易和运行大数据平台主动发送给客户，也可以由客户登录平台获取其所需要的物流服务及执行情况的信息。

基于数据即服务理念的危化品物流大数据信息服务模式的实践和应用，有效整合了区域内的危化品物流交易、运作过程的信息协同和物流业务运作的可视化管理，有效提升了物流运作过程中的信息服务能力和危化品物流供应链的透明度，同时，危化品物流大数据的应用加强了危化品物流运输过程中的安全监控，有效降低了危化品物流运作过程中的安全风险，取得了良好的经济效益和社会效益。

第十章　云计算环境下物流服务创新与支撑技术

当今社会正处在向后工业社会的转变期，其主要特性体现为服务成为社会活动的主导，信息技术成为社会、企业和个人活动的支撑技术。云计算等新一代信息技术的发展和在现代服务业的深入应用，使服务向着标准化、共享、按需提供和提倡效用的趋势发展。云计算作为一种创新的计算模式和业务模式，不仅颠覆性地改变了传统企业 IT 资源的配置和使用方式，而且极大地推动了商业社会其他产业的商业模式创新。基于云计算的商业运作模式不断出现：Guopeng Zhao（2010）提出了一个基于云基础设施的供应链平台，它允许创建、发布、共享和维护不同企业的供应链，以促进不同供应链的协同与优化。Lindner（2010）提出了一个云供应链的框架，在云计算的支持下实现供应链的信息服务、监测和结算服务。云计算与制造服务相结合，形成了云制造相关研究领域。在产业界，JBM 的智慧地球战略将云计算等新一代信息技术应用到社会各个领域，以期推进商业社会业务模式创新和社会公共服务创新。在物流领域，随着物流信息化和网上物流市场的不断发展，越来越多的物流业务环节和服务能力通过互联网对外发布，并在信息技术的支持下相互连接，支持客户与物流服务提供商之间的业务协同和价值创新，现代物流服务越来越呈现出泛在性、虚拟性、协同性、个性化和社会性等新兴特征，但是，随着互联网上物流服务越来越多，客户与物流服务提供商之间建立服务供需关系的代价越来越大；物流服务往往具有地域的分布性和表达的异构性，影响物流服务匹配的准确性和效率；客户的物流服务需求越来越呈现出个性化和一体化的特征，如何通过多物流服务提供者提供的物流服务进行聚合，即时地通过服务组合构建个性化的物流服务解决方案以形成能够提供新价值的新服务。这些都对当前的物流服务模式、服务运作管理理论和技术提出了新的挑战。

随着云计算、物联网等信息技术在物流行业的深入应用，一种基于云计算的现代物流运作模式——云物流——应运而生。云物流是一种面向服务、高效智能和集成的现代物流运作模式，它以客户的一体化物流需求为基点，融合了供应链管理、物流专业化分工、资源整合、服务外包、虚拟经营等管理技术及云计算、物联网、语义 Web、高性能计算、数据挖掘等信息技术，通过把各类物流资源的虚拟化和物流能力的服务化，以物流服务链的方式进行统一的智能化管理和运营，实现智能化、高效的信息共享与过程协同，为物流的全过程提供可按需获取和使用、安全可靠以及质量保证的物流服务。云物流的实施能够有效整合物流资源，实现物流运作过程中物流资源和物流能力的共享和协同，创新物流服务模式，提升物流企业的市场竞争力和物流社会化能力。云物流概念的提出为实现社会物流资源的整合和为客户提供一体化的、按需使用、安全可靠的物流服务提供了一种新的思路，为促进传统物流向现代物流转型升级提供了一条新的途径。

第一节　云计算环境下物流服务模式创新的基本框架

云物流是通过整合社会物流资源和物流能力，以"分散资源集中使用，集中资源分散服务"为指导思想，根据客户的个性化物流服务需求，为其提供按需使用、安全可靠的物流专业服务及"一揽子"物流服务解决方案。在云物流的运作模式下，所有的物流资源和物流服务都在云物流服务平台的支持下，通过虚拟化和服务化的封装处理为物流云服务，通过单一或聚合物流云服务的方式为客户提供其所需要的各项物流服务。下面首先给出物流云服务和物流云服务供应链的定义，在此基础上对云计算环境下物流服务模式创新的基本框架进行分析。

物流云服务：物流云服务是为客户提供物流服务的基本单元，是组成物流云服务供应链的要素，通过应用物联网、虚拟化和 SOA 等技术对分散的物流资源和物流能力进行虚拟化和服务化过程接入云物流服务平台，通过云物流服务平台提供的服务化封装、注册和发布功能形成基于标准化接口、具体实现与描述相分离和按需使用的物流云服务。

基于云物流服务平台，物流云服务可以独立地为客户提供专业化的物流服务，也可以在云物流平台的支撑下，通过服务的组合为客户提供多样化的、安全可靠的一揽子物流服务解决方案。与一般意义上的物流服务相比，物流云服务具有服务标准化、高度聚合与分享、信息透明化、网络化访问、动态协同、按使用付费等特点，能够有效支持各种物流运作商业模式（如第三方物流、第四方物流等），并能够实现物流运作过程中智能感知和业务协同。

物流云服务供应链：物流云服务供应链是构成满足客户个性化物流服务解决方案的核心，它以市场的物流服务需求为驱动。大量的物流云服务按照一定的业务规则和商业逻辑，通过服务聚合的方式构成的物流云服务解决方案，为客户提供个性化的、高性价比、安全可靠和按需使用的物流服务解决方案。

根据部署方式和服务对象的不同，物流云服务供应链可以以物流公云、物流私云和物流混合云的方式进行部署。其中物流公云主要通过基于云计算的物流公云信息服务平台，实现中小物流企业的物流资源和物流能力共享，通过服务外包、资源共享的方式对外提供各类物流服务；物流私云则主要是大型的物流企业在其内部按照云物流的理念和基于云计算技术构建其物流云服务平台，实现企业内部不同部门在物流服务过程中的业务协同和信息共享，以降低其运作成本，提高服务能力；物流混合云则是整合物流私云平台和物流公云平台，一般以某一物流龙头企业为核心，通过整合物流服务链上的其他物流企业共同为客户提供一体化的物流服务解决方案，其具体的实现过程依赖于物流公云服务平台与物流私云服务平台的集成。

从物流云服务的特点及物流云服务供应链的内涵可以看出，云计算环境下物流服务模式创新主要是在云物流服务平台的支控下，围绕客户对物流服务的个性化需求，通过对海量物流服务的整合和优化组合形成物流云服务供应链，通过物流云服务的服务理念创新、服务组织创新、服务功能创新、服务流程创新以及服务技术创新，为客户提供满足其个性化需求的物流服务解决方案，并在物流服务全过程进行服务质量监控和管理，为物流服务供需双方创造不断优化的物流服务价值和服务质量。

其中，物流服务提供方主要是提供各类物流服务的专业物流服务提供商，如仓储、运输、流通加工、物流方案提供商、信息服务商等，它们通过应用物联网、虚拟化等技术，对其提供的物流资源和物流能力进行感知和虚拟化接入云物流服务平台，通过云物流服务平台的服务化封装和注册后提供给云物流服务平台的运营商；云物流服务平台运营商通过物流云服务平台，对服务提供方提供的物流服务进行高效的管理，并根据服务需求方的需求，动态、安全可靠地为服务需求方提供其所需的特定物流云服务；物流服务需求方则是通过云物流服务平台发布需求信息，并在云物流服务平台运营商的支持下实现物流云服务供应链建模、物流云服务的匹配、选择、物流云服务供应链优化调度及过程协同，实现其服务需求。

与传统意义上的云计算模式创新相比，云计算环境下物流服务模式创新的内涵在深度和广度上更为丰富。在服务理念创新方面，围绕客户的物流服务需求，通过为客户提供新的服务内容和服务方式，创造新的客户价值；在服务组织创新方面，基于云物流服务平台建立面向特性客户需求的由多个物流服务提供商构成的虚拟物流动态联盟，即一种虚拟公司的组织模式，服务组织创新涉及客户关系网络、信息网络、供需网络以及物流组织网络的创新；在服务功能创新方面，除了提供面向客户需求的各类物流服务，包括仓储、运输等基本物流服务、物流信息、金融和物流方案设计等增值服务以及整合基本物流服务和增值服务的一体化物流服务解决方案；在服务流程创新方面，通过服务聚合以物流云服务供应链的方式为客户提供服务解决方案。其业务流程的构建可以通过静态聚合和动态聚合的方式实现，形成的复杂的物流服务流程通过使用 BPEL 或 BPELI People 等服务流程执行语言进行描述，并通过相应的工作流引擎解释执行。在流程的执行过程中，通过 RFID、传感器等物联网技术对物流服务进行动态感知，通过云计算平分分析处理后，对服务流程进行控制和绩效评价。在服务技术创新方面，云计算、智能交通技术、GPS、RFID、传感器等先进的信息技术和物流装备技术的不断应用极大地提高了物流服务质量和水平，引发和促进了物流服务模式的创新。

第二节　云计算环境下物流服务模式运作框架

基于云计算环境下物流服务模式创新的基本框架及客户对及时、可靠、一体化物流服务解决方案的需求，本章提出了在云计算环境下物流服务模式的运作框架。在云物流服务平台的支撑下，通过对客户需求的解析和分解、物流云服务的动态按需匹配、物流云服务供应链的形成和动态调度、物流云服务运行监控及服务评价和利益分配等过程，形成一个系统化的面向客户需求的"一揽子"物流服务解决方案，通过按需整合云物流服务平台上的物流云服务，形成个性化的物流云服务供应链，以满足客户动态、不同服务水平的物流服务需求。

云计算环境下物流服务模式运作主要包含以下几个核心过程：

（1）物流资源和能力的服务化过程。基于面向服务的理念、物联网、虚拟化技术及服务计算技术把地理上分布的各类异构、自治的物流资源和能力通过物联网的智能感知和接入技术，经过虚拟化和服务化封装，形成标准化的物流云服务发布到云物流服务平台，云物流服务平台对物流云服务进行组织、部署和管理，以支持动态的物流云服务匹配、选择和调用。

（2）客户物流任务、需求的解析和工作流建模。应用智能匹配、面向服务的技术和工作流技术进行物流任务、需求的解析与分解。根据业务类型的不同采用不同的模式，如对于具有长期战略合作客户的经常性物流订单，通过智能推理和匹配一般能够在历史服务案例库中找到历史服务记录，针对这类物流任务可以直接调用原有的物流服务解决方案，形成针对性的物流云服务供应链解决方案，直接进行物流云的调度与执行；而对于非常规、新的物流任务则需要进行任务的解析和分解，构建具有服务质量约束的物流任务链，并对相关的物流子任务进行标准规范化描述后提交到云物流服务平台。

（3）物流云服务供应链的构建过程。物流云服务供应链的构建过程是围绕客户一体化物流服务需求的物流解决方案形成过程。首先根据物流任务链中各物流子任务的服务功能需求，通过云物流服务平台提供的服务功能语义匹配算法、推理引擎等工具开展物流云服务的检索与匹配，形成符合各物流子任务功能需求的备选物流云服务集；然后，根据物流子任务对物流云服务的服务质量 QoS 要求进行物流云服务的评价和筛选，选择满足物流任务全局最优的物流云服务集合。最后，根据评价选择的结果构建针对客户物流需求的物流云服务供应链，进行物流执行方案细化、签约、任务下达和服务调用等工作。

（4）物流云服务供应链运行监控。物流云服务供应链运作过程的可视化和透明化监控既是提高客户满意度的重要手段，也是实现物流服务过程中客户协同创新和物流服务提供商之间业务协同的重要途径。在物流云服务供应链运作过程中，通过 RFID、传感器、GPS、接口适配器等实时采集物流运作过程中的各类信息（如状态、位置、异常信息、执行进度等），经过信息预处理后经网络传输到云物流服务平台进行分析处理，处理后的信息反馈给具体执行的物流云服务并在客户、相关的物流服务提供商之间进行共享，从而确保物流云服务执行信息在物流服务供应链整个环节的透明化和可视化。

（5）物流云服务评价与利益分配。物流服务完成，客户根据物流云服务供应链的综合运作情况对本次物流服务进行评价，如服务满意度、服务效率、信用等，同时物流云服务供应链的发起方（盟主企业）对各环节的物流云服务进行评价，相关的服务评价信息分别进入云物流服务平台相关物流云服务的 QoS 信息库，作为后续物流云服务评价、选择的依据；在此基础上，盟主企业根据物流云服务供应链构建时的服务契约以及服务绩效进行利益分配，并结束本次服务合作过程；最后，物流云服务供应链的运作过程（包括构成、协同方式、利益分配方式等）作为成功案例加入历史案例库，作为物流云服务供应链模板供以后业务参考和调用。

第三节　云计算环境下物流服务模式实现过程中的关键技术

云计算环境下物流服务模式作为一种信息技术支撑下的新型物流服务模式，它依托物联网、云计算等先进信息技术以及供应链一体化和客户协同创新等管理理念，根据客户的需求整合各类物流资源和能力，通过动态的物流云服务聚合为客户提供"一揽子"的物流服务解决方案，其实现过程是一个复杂的系统工程，涉及许多管理和关键技术有待解决，本章结合云物流应用模式的特点及云计算、云制造和物联网等领域的现有研究成果，对云计算环境下物流服务模式实现过程中的几个关键问题进行研究。

一、物流资源和能力的分类

现代物流融合了交通运输业、仓储业、货代业和信息业等众多行业的业务职能，物流服务的提供涉及众多的资源，在物流服务的提供过程中，物流资源的存在形式、管理方式和使用方式差别很大。不同的存在形式、管理方式和使用方式决定了物流资源的信息获取和交互方式的不同，为了有效地实现对不同物流资源和能力的感知和信息交互，有必要对物流资源进行详细的分类。本章在参考物流行业相关国家标准（如GB ／ T27923—2011 物流作业货物分类和代码、GB/T27925—2011 工业货架规格尺寸与额定荷载等）的基础上，根据物流资源存在形式、管理方式和使用方式的不同把物流资源分为物流硬资源、物流软资源和物流能力，其中物流硬资源包括物流设施、运输工具等，物流软资源包括软件、人力资源等，而物流能力则包括物流基本功能服务能力（如运输能力、仓储能力、订单处理能力等）和物流增值服务能力（如物流方案设计能力、物流金融服务能力等），具体分类如表 10-1 所示。

表 10-1 物流资源和能力分类

资源大类	资源小类	资源描述
物流硬资源	物流装备	物流服务提供过程中所需要的各类设备，如车辆、托盘、货架等
	物流设施	支持物流服务提供的各类设施，如仓库、物流中心、配送中心等
	计算设备	支持云物流运作的各类计算、存储、数据采集和处理设备等
	货物	客户提供的需要物流服务的各类商品，是实现物流服务的标的物
物流软资源	软件	物流服务提供工程中所使用的各类软件，如仿真软件、WMS、ERP 等
	人力资源	提供各类服务的物流服务提供商企业中的各类人员和团队
	领域知识	物流服务过程中所需要的各类标准、经验、数据和模型等
物流能力	物流基本功能服务能力	包含仓储、运输、包装、装卸、流通加工、信息处理等物流功能服务
物流增值服务	物流增值服务能力	物流信息服务、金融服务、方案设计、供应链管理等

通过对物流资源和物流能力的规范化分类，能够较好地识别和定义物流资源和物流能力的相关属性（包括静态属性和动态属性），从而为下一步不同物流资源和能力的虚拟化、服务化提供支持。

二、物流资源和能力智能感知与接入

物流资源和能力的感知和接入是通过物联网、计算系统虚拟化等方法和技术，实现物流资源和能力的互联互通、智能感知，把物理异构的物流资源和能力转化为具有松散耦合、可按需使用的逻辑物流资源和能力的过程，根据物理物流资源和能力类别的不同，分别采用不同的感知和接入方式。

针对不同类型的物流资源采取以下两种不同的感知方式：①对于物流硬资源（如车辆、货物、托盘等），采用 RFID、传感器、信息终端等对资源的静态属性、动态属性进行感知并传递到本地数据中心；或者通过接口适配器读取物流资源的相关信息并传递到本地数据中心。在此基础上，通过数据分析、预处理、聚合等操作将处理后的数据通过网络实时传到云物流服务平台。②对于物流资源中的软资源（如软件、模型）和物流服务能力，构建相应的适配器，如软件适配器、模型适配器等，通过适配器进行数据的感知，并将感知到的数据进行分析、聚合等处理后通过网络实时传到云物流服务平台。

针对不同类别的物流资源和能力从不同层次虚拟接入云物流平台：①针对计算设备资源采用硬件级别上的虚拟化，即采用云计算的基础设计即为服务 IaaS 理念，通过资源感知系统获取本地计算资源的接口等信息，通过配置适当的适配器或软件，实现本地计算资源虚拟接入云物流平台。②针对物流设备（如车辆、叉车等）和物流软件资源（如WMS、TMS 系统等）通过虚拟机的相关技术来实现，即通过虚拟机映射和虚拟机管理器进行与硬件的通信以及对底层资源的共享和分配，从而实现资源的虚拟接入。③针对物流领域知识、货物及物流服务能力等实时性交互要求比较低的物流资源和能力，主要通过云物流平台门户，以人机交互的方式实现物流资源和能力的虚拟接入。

三、物流云服务语义建模与服务化封装

在云物流运作环境下，云物流服务平台为了能够支持快速、按需地实现物流云服务的查找和匹配，必然要求物流云服务按照规范、标准化的方式进行描述，同时，为了提高服务查找的自动化程度和精确率，往往要求物流云服务的描述具备语义信息。然而，物流服务提供商在提交物流资源和能力描述，以及物流资源和能力虚拟化过程中也可能因为虚拟化方式不同、描述语言的不同导致相同术语用于不同的概念等语义问题；另外，物流过程的透明化和状态的实时监控是客户和协作伙伴对物流云服务提出的新的要求，要求物流云服务借助物联网、系统集成等技术手段实时获取物流服务的状态信息。因此，为了消除物流云服务之间的异构和语义歧义，以及服务状态的问题，本章需要利用本体技术进行物流云服务建模，通过扩展物流云服务的状态视图，以支持物流云服务运作过程中的业务协同和监控管理的需求，结合物流云服务的特点及运作需求，物流云服务模型可以用以下六元组来形式化表示：

定义：物流云服务模型 LCSM=（ LSResource, LSInformation, LSFunction,

LSQoS，LSVisit. LSStatus）。

其中，LSResource 是物流服务过程中所需要的各类物流硬资源、软资源和物流能力的集合，它是以本体的概念描述物流资源信息集，包括物流资源的编号、资源分类、资源名称、资源描述、资源能力参数集、资源特征等信息；LSInformation 是用本体概念描述的物流云服务的基本信息描述，包括物流云服务的编号、分类、名称、服务的提供者等信息的集合；LSFunction 是用本体概念描述的包括 IPOE 表述的物流云服务的功能集，在物流云服务与任务的匹配过程中，是通过 LSFunction 的功能属性匹配来选择相应的备选物流云服务集合；LSQoS 是用本体概念描述的物流云服务的服务质量信息，除了传统的服务时间、服务价格、服务可靠性、物流信誉等技术相关的指标信息外，还包括可视化、准时率等业务相关的服务质量信息；LSVisit 是以本体的概念描述的物流云服务的访问协议和方式，具体包括服务访问的协议、服务访问的消息格式、服务传输的方式以及服务访问的地址等；LSStamS 是用本体概念描述的物流云服务的当前状态，包括服务负载、服务队列长度、当前任务的进度、服务状态等信息。

在对物流云服务形式化描述的基础上，根据物流资源和能力的分类知识，并借鉴行业专家意见，构建物流领域本体类等元素，实现物流领域本体类，本书定义了物流企业类描述物流企业的类别和等级；物流资源类描述物流行业中资源的构成；物流能力类描述物流企业所能提供的物流能力；物流服务过程类描述物流服务过程信息，以及物流知识类描述物流服务运作过程中涉及的大量知识、经验、法律法规等信息。在此基础上，构建物流云服务本体，定义本体类、属性以及本体类之间的相互约束和联系。在构建各类物流本体结构后，采用 Prolege 本体建模工具编辑物流本体的概念、属性和关联等元素，建立物流本体的描述模型，并作为物流云服务描述的语义基础。然后，采用课题组前期提出的基于扩展 OWL-S 的服务描述和封装方法对物流云服务进行语义化描述与封装，实现物流云服务的语义化建模与实现，为下一步物流云服务供应链构建过程中的物流云服务检索、匹配和组合奠定了基础。

四、物流云服务匹配

物流云服务供应链的构建和生成过程实质上是围绕客户的物流需求，通过物流云服务组合形成物流综合解决方案并对解决方案运作过程进行管理控制的过程。围绕客户的需求，若存在历史的解决方案，则直接调用原有物流云的方案进行执行。反之则需要对物流云解决方案进行建模，物流云服务匹配、选择生成符合客户需求的动态的物流云解决方案。服务匹配是实现需求和物流云服务对接的关键一环。

服务匹配是近年来服务计算领域的一个研究热点，目前，服务匹配的主要研究侧重在服务供需双方在功能特性方面的语义匹配，即通过计算服务需求与潜在服务在功能描述方面的语义相似度来确定互联网上的服务是否满足需求，并把满足功能需求的服务放入备选服务池中以供评价和选择9(6)。本章采用概念间语义距离和语义概念层次深度相结合的方法构造语义相似度函数 Sim（R·S）进行服务需求 R 与物流云服务 S 在输入、前提条件、输出和侦期结果四个方面进行语义匹配。

基于语义距离的具体的物流云服务匹配步骤如下：

步骤 1：输入匹配阈值可（为方便计算，阈值统一设置为 η）。

步骤 2：针对物流服务需求队列中的每一任务需求 R 及其需求分类 C，遍历云物流信息平台 UDDI 中分类为 C 的物流服务。

步骤 3：功能语义匹配。通过语义相似度函数分别对输入、前提条件、输出和预期结果进行需求与服务的语义相似度计算，即计算出 Sim(R.input，S.input)、Sim(R.pre，S.pre)、Sim（R.output，S.output）、Sim（R.effect，S.effect），如果所有的值都大于或等于中则进入步骤 4；否则确定是否要调整 η 值重新计算，若需要则重复本步骤，否则匹配失败并返回失败信息；

步骤 4：把符合功能匹配的物流云服务放入该物流任务的备选物流服务队列以供选择，返回步骤 2 进行下一物流子任务的备选服务匹配，直到所有任务匹配完成。

通过上述四个步骤，能够从云物流信息平台中选出满足客户需求的各物流子任务功能需求的备选物流云服务，下一步需要根据客户的特定需求，如服务成本、时间要求、可转性要求等非功能性需求进行物流云服务的评价和优化组合，最终形成满足客户需求的物流云服务供应链综合解决方案。

五、物流云服务聚合

服务聚合是为用户提供增值服务的重要途径，在行业应用领域，通过服务优化组合来提供一体化的服务解决方案得到了广泛的关注。通过上面物流云服务的匹配，已经为物流云服务供应链中的每个子任务查找到满足其功能需求的备选物流云服务集，物流云服务聚合就是通过对备选物流云服务集的评价为用户选择一个优化的物流服务解决方案。

定义：物流云服务聚合可以用一个五元组来表示，物流云服务聚合 LSC=（Iset，Oset，LTS，LS，LSQoS）。

其中，Iset 表示用户的初始化输入，包括用户对物流服务的个性化和一体化需求，具体表现为物流服务需求需要由多个物流云服务聚合来提供服务，同时具有不同的 QoS 需求；OSet 表示用户需求的输出，即通过物流云服务供应链运作后的输出，也是用户的服务期望输出；LTS 是根据用户对物流服务的个性化和一体化需求分解成的由物流子任务构成的任务集合；LS 是可被调用并执行的各抽象物流任务的匹配物流云服务候选集；LSQoS 则表示各备选物流云服务的 QoS 参数集。

物流云服务聚合就是围绕客户个性化物流服务需求构建可执行的物流云服务供应链，即通过服务选择和优化组合即时构建满足客户需求的物流服务解决方案，由于个性化需求往往体现为多个不同的服务质信 QoS 要求，因此，物流云服务聚合问题就是围绕多 QoS 约束从备选物流云服务集中选择相应的物流云服务构建满足客户需求的物流解决方案的过程。

基于多 QoS 约束的物流云服务聚合过程由以下五个步骤构成：

步骤 1：根据物流云服务的 QoS 描述模型（包括服务时间、服务成本、服务信誉、服务可靠性及服务综合满意度等属性），以及抽象物流云服务供应链的结构确定不同 QoS 属性的组合规则，并根据 QoS 属性的类别不同（分别为效益性指标或成本型指标），进行 QoS 属性的归一化处理，建立标准化的 QoS 决策矩阵；

步骤 2：根据 Iset 中用户的个性化偏好，分别设置每个 QoS 属性的权重，生成带权重信息的 QoS 决策矩阵；

步骤 3：基于个性化的服务质量 QoS 需求，在服务聚合模型库和服务聚合知识库的支撑F建立基于多 QoS 约束的多目标多维偏好的物流云服务选择全局优化模型；

步骤 4：针对不同的物流云服务选择全局优化模型，通过调用服务聚合算法库中的遗传算法、蚁群算法等智能优化算法进行多 QoS 约束的多目标多维偏好的物流云服务选择全局优化模型的求解，选择满足 QoS 约束的可执行物流云服务组合集生成物流云服务供应链解决方案；

步骤 5：采用 OWL-S 对物流云服务供应链的组合过程进行语义描述，并在云物流服务平台的支撑下，应用 Web 服务的组合、编排和转换机制实现 OWL-S 组合服务到 BPEL4WS 的映射和转化，从而生成在云物流服务平台可执行的物流服务流程。

第四节　面向供应链协同的云物流服务平台建设内容

一、云物流服务平台的角色分析

云物流服务平台是云物流运作的公共信息平台。云物流通过云物流服务平台的支撑实现云物流服务的动态构建、系统运行和优化管理，从而支持客户面向供应链的一体化物流服务解决方案和服务运作过程中的业务协同。在云物流服务平台的运行过程中涉及五种角色，分别是物流服务需求方、物流服务提供方、物流整体解决方案提供方、云物流平台运营方和云物流服务认证中心。其中，物流服务提供方主要是提供各类物流服务的专业物流服务提供商，如仓储、运输、流通加工、信息服务商等，它们通过应用物联网、虚拟化等技术，对其提供的物流资源和物流能力进行感知和虚拟化接入云物流服务平台，通过云物流服务平台的服务化封装和注册后提供给云物流服务平台的运营商；物流服务需求方则是通过云物流服务平台发布需求信息，并在云物流服务平台的支持下，通过物流服务提供方或物流解决方案提供方实现物流服务链建模、物流服务的匹配、选择、优化调度及过程协同，实现其服务需求；物流整体解决方案提供方主要是第四方物流企业或能提供综合物流服务的第三方物流企业，能够根据客户的需求提供一体化物流服务解决方案的服务提供商；云物流服务平台运营商通过物流云服务平台，对服务提供方提供的物流服务进行高效的管理，并根据服务需求方的需求，动态、安全可靠地为服务需求方提供其所需的特定物流云服务；云物流服务认证中心作为第三方的信用认证机构对云物流平台的物流本服务及客户的信用、信誉信息进行评估，以确保供需双方在可信的情况下开展交易和业务服务。

二、面向供应链协同的云物流服务平台构建内容

云物流服务平台是支持面向供应链协同的物流服务解决方案运作的信息化平台，它架构在云计算平台之上，服务于物流服务供应链全生命周期。云物流服务平台通过整合各类资源和能力，包括计算资源、物流装备、物流技术、物流公共服务等各类资源和能力，通过物联网等相关技术进行智能感知和接入后，形成具有不同粒度的物流服务，围绕客户的服务需求按需提供安全、可靠的个性化服务。面向供应链协同的云物流服务平台的构建包括云平台、云服务和云应用三个层次。

其中，云平台构建在云计算技术平台之上，是整个平台的基础设施，包括支持云物流运作的计算资源、物流资源、各类物流资源和能力的云端化技术、支持物流服务运作的行业知识库和领域本体库；云服务是云物流服务平台的核心层，它包含云物流服务运作的各类支持服务以及通过虚拟化和服务化技术接入云物流服务平台的物流功能服务，以支持平台的运行和为云应用提供各类物流功能服务和平台支撑服务；云应用是围绕客户对个性化和一体化物流服务需求提供各类面向供应链的服务服务解决方案，如多式联运服务、供应链物流等，并支持在物流服务过程中的业务协同和按需集成。

第五节　面向供应链协同的云物流服务创新平台

面向供应链协同的云物流服务创新平台是支持云物流这种先进的物流服务模式运作的信息化支持平台，它是一个社会技术系统，通过整合社会化物流服务资源为客户提供一体化的面向供应链的物流服务解决方案。根据云物流服务平台构建的内容，结合云计算、面向服务架构的软件体系结构的基本要素和面向供应链协同的物流服务运作的要求，本节根据云物流的服务思想、云物流服务角色类型和基于开放性的要求构建了由平台支撑层、平台接入层、平台服务层、平台应用层、平台协同层和用户层构成的面向供应链协同的云物流服务创新平台的体系结构。

（1）面向供应链协同的云物流服务创新平台支撑层。面向供应链协同的云物流服务创新平台支撑层对应云计算的 IaaS 层，围绕云物流的特点对 IaaS 服务进行了扩展，它将分布在不同物理位置的计算资源（如服务器、存储设备、数据库等）、安全设备、物流装备和系统、物流领域知识库、物流领域本体库等各类资源进行整合，为云物流服务平台的运行提供环境支撑。

（2）面向供应链协同的云物流服务创新平台接入层。面向供应链协同的云物流服务创新平台接入层通过 RFID、无线传感网络、车联网接入等物联网技术、CPS 系统和接入软件适配器对平台支撑层的各类计算资源和物流资源进行智能感知和接入，并通过虚拟化技术将各种资源虚拟化为云物流服务平台可用的云服务，并支持云物流服务平台对虚拟云物流服务提供的各项管理功能。

（3）面向供应链协同的云物流服务创新平台服务层。面向供应链协同的云物流服务创新平台服务层对应云计算的 PaaS 层并进行了扩展，平台服务层在云物流服务总线的支持下实现对云物流服务平台的各类服务进行集成和管理。平台服务层提供云物流服务平台基础服务、云物流服务平台支撑服务、云物流开发环境、云物流功能服务等四大类服务和功能集合。其中，云物流服务平台基础服务为云物流服务平台的运行提供各类基础性的系统服务，如系统管理、流程引擎、负载均衡、运行监控、日志服务等服务；云物流服务平台支撑服务堪于 Web 服务技术为云物流服务平台服务管理和运作提供诸如服务注册、服务匹配、服务调度以及服务评价等关键服务支撑技术；云物流开发环境则为云物流服务平台功能的扩展和集成提供开发环境，基于云计算和 SOA 规范的第三方开发商和系统能够集成到云物流服务平台；云物流功能服务是面向物流领域、基于平台规范的各类物流功能服务，是构成客户物流服务解决方案的基本要素。

（4）面向供应链协同的云物流服务创新平台应用层。面向供应链协同的云物流服务创新平台应用层对应云计算的 SaaS 层，它通过整合平台服务层中的各类物流功能服务以服务的方式为用户提供各类物流信息化软件（如运输管理系统、仓储管理系统、客户关系管理系统等）和各类物流服务解决方案，用户只需要根据使用情况进行付费，而无须购买软件套件。

（5）面向供应链协同的云物流服务创新平台协同层。面向供应链协同的云物流服务创新平台协同层面向物流服务供应链全过程，通过物流服务需求解析、任务分解、服务匹配、物流服务供应链构建与运行等环节对物流服务供应链的组织协同、流程协同、信息共享与协同、知识协同过程进行支持和管理。

（6）面向供应链协同的云物流服务创新用户层。面向供应链协同的云物流服务创新平台的用户层是通过平台的门户系统，它为云物流服务运行的各参与角色，如物流服务需求者、物流服务提供商、物流系统提供商、物流服务整体解决方案提供商、金融机构、政府主管部门等提供人机交互平台，参与云物流服务的交易、运作和监管。

第六节　面向供应链协同的云物流服务创新平台应用模式

面向供应链协同的云物流服务创新平台是一个典型的物流信息化公共服务平台，平台的应用模式和商业模式的优劣直接决定着物流信息化公共服务平台的生命力。在互联网应用的初期，学术界和产业界基于应用服务提供商 ASP 模式对行业信息化公共服务平台进行了试验和尝试，为云物流服务平台的建设和运营提供了很多宝贵的经验。随着云计算和服务计算模式的兴起，行业信息化公共服务平台已经成为行业信息化建设的重要内容。李波等、李孝斌等围绕行业云制造平台从平台参与角色和制造资源共享过程对云制造平台应用模式进行了研究。吴晓晓等围绕航天云制造服务平台提出了基于资源集约、支持集团集中管控、面向成员单位的资源共享、面向成员单位研制协同、对外协作五种云制造服务应用模式。上述研究成果为本书的研究提供了借鉴和参考。笔者前期针对云物流服务平台的构建方式和服务提供方式的不同，提出了基于公有云的云物流应用模式、基于私有云的云物流应用模式和基于混合云的云物流应用模式三种基于云物流服务平台的云物流应用模式。

面向供应链协同的云物流服务创新平台的应用模式是根据客户的需求，围绕供应链解决方案展开，服务过程一般涉及多个物流服务提供商协同工作，因此，面向供应链协同的云物流服务创新平台应用模式是一种典型的基于云物流服务平台的第四方物流运作模式。在这种应用模式下，依托于云物流服务平台的第四方物流供应商是整个应用模式的核心要素，是整条供应链的规划、控制和协调中心，实现对面向供应链的客户物流服务解决方案整个过程的管理和协调，该应用模式的具体运作过程如下：

（1）资源和服务需求集聚阶段。云物流服务创新平台可以看作一个双边市场，物流服务提供商通过虚拟化、服务化等相关技术和方法把物流资源和能力发布到云物流服务创新平台形成云物流服务供按需调用和使用，以实现"分散资源集中使用，集中资源分散服务"的云服务理念；客户则把物流服务需求根据云物流服务创新平台提供的任务模板进行规范化后发布到云物流服务创新平台，形成一个由海量物流云服务和客户需求构成的物流服务交易市场。

（2）物流服务供应链解决方案规划阶段。供应链物流服务解决方案提供商（第四方物流服务供应商），根据客户在云物流服务创新平台发布的服务需求，依托云物流服务创新平台进行服务需求的分解，在总体的功能需求和服务质量要求的约束下进行云物流服务的智能匹配、评价和选择，通过云物流服务创新平台的交易机制（如通过拍卖、定价交易、自动协商等方式）达成服务合作协议，并在云物流服务创新平台服务组合引擎等基础服务的支持下形成相应的面向供应链的物流服务解决方案。

（3）物流服务供应链执行阶段。基于物流服务的特点，在物流服务供应链执行阶段由第四方物流主导采用线上和线下相结合的方式对物流服务供应链的执行进行动态管理和业务协同。在物流服务供应链执行过程中，供应链的物流执行计划的制定与执行、物流执行过程的实时监控、物流信息的即时通信、业务运作过程中协作和知识共享等功能都通过云物流服务平台在线实现，并由第四方物流企业在线进行全过程的管理和监控。物流的实际业务运作（如运输、仓储等）以及资源的日常调配和管理通过线下的方式进行。同时，通过物联网、信息物理系统、通信网络等智能感知和接入技术实现线上系统与线下运作的无缝对接。

（4）利益分配和绩效评价阶段。在物流服务结束后，在云物流服务创新平台的支撑下，由第四方物流供应商主导按照事先约定的服务契约进行利益分配和结算工作，并对服务过程中形成的创新成果和服务知识进行总结和提炼，更新到物流云服务平台的运作案例和知识库中。同时，基于物流云服务创新平台的绩效评价机制，由客户、第四方物流提供商和参与的专业第三方物流服务提供商对服务的综合绩效和参与业务服务的主体进行绩效评价，并把评价结果更新到物流云服务创新平台的服务质量 QoS 库中，为以后的物流服务提供商的选择和评价提供依据。

参考文献

[1] 滕雪宏,吴应良,李成安.基于信息生态视角的现代信息服务产业集群发展模式研究 [J].科技管理研究,2015,35(15):7

[2] 邢华.物流业网络融合的三种模式与创新 [J].经济管理,2008(6):6.

[3] 薛辉.产业集群与区域物流协作模式研究 [D].北京交通大学,2023.

[4] 陈志荣.我国现代物流业发展研究 [D].内蒙古大学,2023.

[5] 陈海照.合约物流企业商业模式创新研究 [D].天津大学,2023.

[6] 鲁健健.现代物流企业商业模式创新影响因素研究 [D].西安电子科技大学,2023.

[7] 张明洪.基于"三集中"改革发展现代物流产业 [J].产业创新研究,2018(4):3.

[8] 张天译.源创新理论下物流企业商业模式创新研究 [J].商场现代化,2019(9):2.

[9] 唐和,汪莉霞.我国现代农产品物流模式,问题及创新机制 [J].商业经济研究,2019(9):4.

[10] 徐龙泽,孟柏丞.经济转型时期我国物流企业商业模式创新研究 [J].中国物流与采购,2013(5):2.

[11] 谢军.产业集聚区现代物流业发展模式研究 [D].华东师范大学 [2023-08-09].[12] 许旭波.港口物流业的商业模式创新 [D].2005.

[13] 霍红,陈化飞.现代物流业发展与战略创新研究 [M].科学出版社,2016.

[14] 霍红,陈化飞.现代物流业发展与战略创新研究:以黑龙江省为例 [M].科学出版社,2016.

[15] 周奇才,方颀.现代物流产业集群形成机理研究 [C]// 中国机械工程学会物流工程分会成立 30 周年纪念大会暨物流工程高峰论坛 .[2023-08-09].

[16] 兰莉,李莉,贾凤梅.商业银行在供应链中的资金流管理模式创新研究:以现代物流与钢铁等基础产业结合为例 [J].物流技术,2009,28(1):105-108,132.

[17] 周奇才,方颀.现代物流产业集群形成机理研究 [C]//2010.

[18] 王成林,王琦.我国现代物流发展特征研究 [C]// 中国仓储物流创新与发展高峰论坛 .2013.

[19] 周奇才,方颀.现代物流产业集群形成机理研究 [C]// 物流工程三十年技术创新发展之道 .2010.

[20] 焦新龙.基于电子商务的现代物流业新型发展模式研究 [D]. 湘潭大学 [2023-08-09].

[21] 王琦峰.临港现代物流产业集群服务模式创新研究 [M]. 浙江大学出版社,2014.

[22] 余雪杰,盖志毅.我国农产品物流产业链的创新模式:基于我国现代农产品物流需求与供应链模式的分析 [J]. 商业经济研究,2016(20):3.

[23] 吴爱东.中国现代物流产业发展与制度创新研究 [D]. 南开大学 [2023-08-09].

[24] 王静.现代物流产业链创新模式与运行机制:基于中国现代农产品物流需求与现行模式分析 [J]. 社会科学家,2014(6):7.

[25] 吕赞,张丽凤.现代物流业创新模式研究 [J]. 渤海大学学报（哲学社会科学版）,2009,31(2):4.